「心眼」生存學

聰明，
是因為懂得「使壞」

李定汝、鬼精靈 著

俗話說：社會在走，心計要有。
笑面虎、馬屁精招搖過市的年代，
該如何在人性叢林中殺出重圍？
對於人心，千萬要斷得準，看得透！

目錄

目錄

目錄

第 8 章　讓狐狸的尾巴露出來 ── 揪出他隱藏的真實目的

目錄

第 1 章　揭開廬山真面目 ——

一眼看出人的本質

第 1 章　揭開廬山真面目——一眼看出人的本質

知人知面要知心

在與人相處中，一定要用善良、真誠的態度去了解對方的人，剖析對方的心，誰都不願意生活在自己周圍的人用一張虛偽的外殼偽裝自己，所以人際交往中請您務必慎重交友。

歷史上，多少朝代，因用錯了人而由興轉衰！齊桓公不聽管仲勸阻，待管仲死後，重用了豎刁、易牙、開方，而自己卻被架空，後悔莫及，死後蛆都爬出了屋，人們才知桓公死了。當初桓公只看到了豎刁為他自施宮刑、易牙為他烹子作羹、開方為他不奔父喪，服侍百般周到、萬般殷勤的表面，沒察覺到他們包藏的野心。「春秋五霸」之一的齊桓公，那麼英明蓋世，尚且犯了沒看準人的大錯，可見知人之不易！

連料事如神的諸葛亮都感嘆：「夫知人之性，莫難察焉！」不小心謹慎，那就不得了了！何以知人這麼難？就像人們說的，一種米養百種人，人生境遇萬千種，造就萬千眾生相。用諸葛亮的話說就是：「美惡既殊，情貌不一。有溫良而為詐者，有外恭而內欺者，有外勇而內怯者，有盡力而不忠者。」如此這般，知人豈能不難？

懂得如何推理，曾一度被視為一切技藝的頂峰。

但現在光能推理還不夠，我們還需要有直覺，甚至未卜先知的本領，特別對於我們容易受騙的事情來說更為重要。只有學會見微知著才能成為聰明人。

當皇帝得知人，做大將要知人，當經理需知人，就是在家庭中，丈夫或妻子，也不可不知人。有一名姓周的男子，就深嘗了交往中不識人的苦頭。

周先生有一朋友姓方，兩個人交往密切，周先生一直視方先生為知己，

到方先生家裡，方夫人也很熱情。周先生趁著連假，讓老婆準備了酒，請方先生來做客。周先生的妻子姓董，董小姐與方先生一交談，很投機，她很佩服方先生的口才和學問，也覺得方先生頗有風度。周先生常約方先生來玩，方先生與董小姐也就越來越熟。方先生如果有一段時間沒來，董小姐就開始魂不守舍。方先生呢，也很積極與董小姐見面。趁著周先生不在家，就去找她，他們就一起吃飯喝酒，談得很開心。

有時他們相約出去看看電影、跳跳舞。漸漸地，兩個人心頭起了愛火，火越燒越旺，火越來越猛，他們的心一起燃燒了，不該做的事也做了。

周先生無法窺測他人的內心，別人的意圖更不能洞若觀火，實在該引以為鑑。

如何透過外表看內心呢？諸葛亮早就有了高招：

「知人之道有七焉：一曰，問之以是非而觀其志；二曰，窮之辭辯以觀其變；三曰，諮之以計謀而觀其識；四曰，告之以禍難而觀其勇；五曰，醉之以酒而觀其性；六曰，臨之以利而觀其廉；七曰，期之以事而觀其信。」

借孔明的高深計策一用，我以個人拙見，在交友的角度分析其中幾個招數。

第四招試解：

順境中，特別在你春風得意時，但凡往來多的都可以稱之為朋友。大家禮尚往來，杯盞應酬，互相關照。但如果風浪驟起，禍從天降，比如你因事而落魄，或蒙冤被困，或事業失意，或病魔纏身，或權位不存等等，這時，你倒楣自不用說，就連昔日那些笑臉相對，過從甚密的朋友也將受到嚴峻考驗。他們對朋友的態度、距離，必將看得一清二楚。那時，勢利小人會退避

第 1 章　揭開廬山真面目——一眼看出人的本質

三舍，躲得遠遠的；擔心自己仕途受挫的人，全劃清界線；酒肉朋友因無酒肉誘惑而另找飯局；甚至還有人會乘人之危落井下石，踩著別人的肩膀向上爬。當然也有始終如一的人繼續站在你身邊，把一顆赤子般的心捧給你，與你禍福相依，患難與共。如古人所說：「居心叵測，甚於知天。腹之所藏，何從而顯？答曰，在患難之時。」此時真朋友、假朋友，親密的、一般的，金蘭交、投機者就黑白分明了。

第六招試解：

在利益面前各種人的靈魂也會赤裸裸地暴露出來。有的人在對自己有利或利益無損時，可以稱兄道弟，顯得親密無間。可是一旦有損於他們的利益時，他們就像變了個人似的，見利忘義，唯利是圖，什麼友誼、什麼感情全部拋到腦後。比如，在一起工作的同事，平日裡大家說笑玩鬧，關係融洽。可是到了升遷時，名額有限，僧多粥少，有的人真面目就露出來了。他們再也不認什麼同事、朋友，在會議上直言，顯自己之長，揭別人之短；在背後造謠中傷，四處活動，千方百計把別人拉下去，自己擠上來。這種人的內心世界，在利益面前暴露無遺。事過之後，誰還敢和他們交心呢？

當然，大公無私，吃虧讓人，看重友誼的還是多數。但是，在利益得失面前，每個人的黑與白總會亮的，每個人的心思想藏也藏不住。所以，此刻也是認清別人真心的大好時機。

進一步說，歲月也可以成為真正的法官。有的人在一時一事上可以稱得上是朋友；日子久了，共事時間長了就會更深刻地了解他們的為人、他們的人品。「路遙知馬力，日久見人心」說的就是這個意思。如此長期交往，長期觀察，便會達到這樣的境界：知人知面也知心。

心中要有準星

人生就像一個大舞臺，舞臺上的主角永遠只有黑、白兩種，在演繹不同的角色時，請克服衝動和義氣用事，隨時保持一顆冷靜、清醒的頭腦，做一個做事心有定數的自己。

無論是人是事，誰都沒把握說其中沒有陽謀、陰謀，所以有人催你快快決斷時，或某事非要逼你當機立斷時，也應該先辨清黑白才對。正所謂「欲速則不達」。靶心到底在哪個方向呢？

玩弄心計者常對我們玩一些小把戲，識破圈套是每個聰明人必備的能力。要對人心的黑白多加辨別，再定自己的準星。

塵世人生本是一場除邪鬥惡的戰爭。狡詐者的武器無非是玩弄種種心計，使得一些不明真相者因忍不住假象的誘惑而吃虧上當。

明察事理永遠是聰明人的追求，要真正地在某一事件中弄清真相，了解詳情，而不能貿然地憑著一時的衝動而意氣用事。

記得有這樣一位年輕人，做事的確有一股衝勁。敢說敢做，也勇於承擔責任。然而，這樣一種本來非常好的性格卻被一些別有用心的人所利用。一次，他的一位同事在外與人打架，衣服撕破了，身上也打出了血。跑到工廠上晚班時，簡直狼狽不堪。這位年輕人一見，也吃了一驚。這位同事本來吃了虧就心裡不服氣，想報復，爭回面子。見年輕人問起此事，便添油加醋地大大誇張了一番，並且還把這位年輕人也扯了進去，說是對方也要「給他好看」，叫他「別神氣」。這位年輕人不聽則已，一聽便火冒三丈，當下便抄起一根木棍，跑去找人算帳。結果，不分青紅皂白地將那人打了一頓。後來，還為此挨了嚴厲的批評，賠償了對方的醫藥費。更重要的是，據調查，對方

根本就未曾提起他。儘管兩人彼此也認識，但與那位同事的爭執僅僅是他們兩個人之間的私事。事後，這位年輕人懊惱不已，埋怨自己太衝動，頭腦簡單，以致於在失去理智的情況下犯了法。遇事應好好想想他人是否別有所圖，這是很重要的。

在自己受到攻擊、侮辱、謾罵時，尤其是熟人轉告的時候，首先要冷靜下來，認真、仔細地了解事情的來龍去脈，然後再做判斷，無疑是一種強者的風格和心態。真正有本事回擊自己的對手，又何必爭一朝一夕呢？只有充分相信自己能力的人，才能夠處變不驚。先穩住，把事情搞清楚，再做決斷不遲。

在實際生活中，我們經常遇到這一類事情。它可能是一種平白無故的批評，也可能是一種莫名其妙的指責，它可能來自於同事和朋友們的誤解，也可能是出於某些不安好心的人的教唆和陰謀。

在這種情況下，如果我們不明察事理，則很容易把事情弄糟，甚至是把好事變成壞事。而「行動的留白」則有助於我們推遲判斷，獲得時間和機會去把事情弄清楚。一旦了解了事情的真相，掌握了充分的證據和理由，豈不是更有力量去應付人生的種種挑戰，解決存在於生活中撲面而來的困難嗎？這樣的人難道不是強者嗎？相反，毛躁輕率，感情用事，必然會在無理的情況下落敗而逃。儘管威武有力，又怎麼能對付得了人世間的撲朔迷離、紛繁複雜呢？

看得透，斷得準

擁有一雙慧眼看準世界，懂得用理性去看透、斷準一件事物、一個人，

你將會更精明地駕馭世事。

有準星的槍射得準，有眼力的人斷得準。他可以洞察最深處的東西，摸清他人的底細。他也許生性謹慎，他一進入人生就先天地具備良好的判斷力這種優點。這是一種天賦的智慧，使他們尚未起步就等於走過了一半成功之路。隨著年齡和經驗的增長，理智達到完全的成熟，可以使判斷因時就勢，左右逢源，這種人憎惡奇思怪想，尤其在國家大事上更是如此，講求萬無一失。看清楚事情並不很容易，但又不能不在這方面多動腦筋。

美人計是很多圈套中的一種，尼克森總統的國務卿季辛吉善用此計，竟在越南碰上了「有準星的人」。

他曾對阮文紹總統的特別助理黃德雅出示一本黑色手冊，手冊上是美國許多著名女影星的住址。他對黃德雅說：「如果你願意做我的朋友，我可以替你介紹這些女星中的任何一位。」雙方的意圖都盡在不言中，足見美人計不論在政界還是商界，都是具有陷阱作用的手段，用是可用，但防亦不得不防。

萬事萬物，都是假象先行，讓愚癡隨其後，盡顯其低俗、平庸。真相往往姍姍來遲，讓愚者無法忍耐下去，失去判斷所需要的細心辨別、觀察，匆匆地下了結論。一個草率的人是沒有準星的槍，經常會走火，有時竟連耳聽為虛這樣的道理都不懂，用耳朵代替了眼。

你因為聽了別人對他的議論而一下子便覺得他可惡；你因為聽了有關他的傳聞而一下子便覺得他卑鄙；你因為聽了別人的勸說便下決心永遠疏遠他。你難道不覺得這對他來說是不公道的嗎？你難道不覺得自己太淺薄了嗎？

晉景公因聽信奸言、將趙氏忠烈滿門抄斬而匯出千古悲劇《趙氏孤兒》；

第 1 章　揭開廬山真面目——一眼看出人的本質

曹孟德因聽亂言誤殺蔡瑁、張允而中連環之計，最後兵敗赤壁壯志難酬；史達林因中納粹離間之計而錯殺圖哈切夫斯基元帥，致使戰功赫赫的一代名將蒙冤九泉。古今中外，這種因誤信傳聞而鑄成的悲劇比比皆是，這難道還不足以使你引以為鑑嗎？

學過邏輯推演的人都知道，對事物應該一分為二地分析，對一個人也應該有邏輯地全面地看待。否則，你堅持自己的主見，再加上別人的品頭論足，便對某個人「蓋棺定論」，這只能說明你的淺薄。

一座山，可以橫看成嶺側成峰；一個人，可以左看英俊右看醜；至於某件事，更會因為看的角度不同而有不同的說法。所以，對一個人，不能用他的過去來說明將來，也不能用一個角度取代所有的角度。

古人云：「耳聽為虛，眼見為實。」儘管不一定每一件事你都能碰見，但你對所聽見的應該進行調查、分析，弄清事實的真相。這樣才能對某個人、某件事做出正確的評估。否則，你便會失去一份理解和幫助，便會失去一份本該牢固的友誼。

有時候，親眼見到的事情，背後也另有真相，也就是說耳聞有假，目睹亦有假。

人際關係的分歧，就是源於彼此的不了解。人與人之間的衝突、不悅、仇視、淡漠和分離，也都是因為互相不了解。如果你想要和別人合作、相處，首先就必須懂得了解別人。

一般人總難免要提出意見，批評別人。當別人的行為不如我們所想像的時，我們就會顯得不太高興。即使程度並不嚴重，也會對別人造成或多或少的壓力或緊張。

　　一個人如果想要和別人建立良好的人際關係，他絕不能要求他們依照規定的模式做事，或處處請求利益。解決人與人之間不愉快的唯一方法，就是去了解。

　　知人是十分重要的，而這又是非常困難的。

要小心自稱「性格不好」的人

　　什麼是「性格不好」，當你發現自己身邊存在自稱「性格不好」的人時，你得小心了，一定不能讓他以此作為處理事情的擋箭牌。

　　有一種人，對朋友做出失禮的事，或者有背叛的情節時，在對方責怪之前會搶先說「因為我性格不好啊」。

　　這樣的人，以「自己性格不好」為擋箭牌，再進一步恫嚇對方。

　　性格不好的人，到底是怎樣的人呢？

　　所謂性格不好的人，通常從幼年時期開始便遭受雙親或世人的苛刻對待，或者因為經濟上相當困頓，而總是吃苦受罪。

　　所以，他對待別人，甚至是自己人，也會做出扯後腿、張牙舞爪的事。雖然他心裡也認為這樣不妥，但卻也無法克制自己。由於過往的痛苦經驗累積，而一點一滴地扭曲了性格。

　　這樣的人很努力地活了下來，年齡增長之後，便自然而然地成長為性格不好的人。

　　通過人生的無數考驗一路走過來的這類人，擺出令人害怕的表情，用低沉的聲音說「因為我性格不好啊」，任誰都會為之膽怯。

　　性格不好的人，可怕之處在於他們總是認為除了自己之外的所有人都

17

是敵人。

　　所以，即使是對妻子、丈夫等家人，或者是善待自己的人，都沒有區別。

　　遇到這種自稱性格不好的人，要怎麼辦才好呢？就是，當他說「因為我性格不好啊」，你便認真地問他：「我看不出來啊。性格不好，到底是哪裡不好？」或者：「為什麼性格會變得那麼不好？」

　　其實，只要若無其事地問他就好了，不過，如果他以為你是在捉弄他，那可不妙。

　　但也可能出乎意料之外。因為對方從未經歷過如此直接的詢問，所以即使是打心眼起的壞性格，也可能會向你坦白。

　　因此，可能是因為不小心自己洩了底，或者因為緊張的神經鬆懈了，從此以後，至少對你，那種壞性格的矛頭就不會再那麼尖銳了。

對事物的評價朝三暮四的人，不可信賴

　　你身邊有這樣的人嗎？今天說你是大好人，明天卻對你抱怨不斷，數落不止。若你不幸成為此類人的朋友，那必須得對他們的話三思而行！

　　對於人或者事物經常改變其評價的人，不可以信賴。

　　「我告訴你，C 是個很不錯的人。我跟他雖然只見過一次面，但覺得意氣相投呢。如果你也可以跟他交朋友就好了。」聽 A 這麼介紹，B 勉為其難地來到了咖啡廳和 C 碰了面。B 當時的印象是，並不覺得 C 有那麼好。

　　過了一陣子，B 問 A：「你這陣子經常跟 C 見面嗎？」得到的回答卻是：「啊，C 那個人，我沒辦法跟他交朋友，他的個性有點奇怪。我現在已經沒有

跟他見面了。」A 馬上來了個一百八十度的轉變。他心中已經沒有 C 這個人了，令 B 相當驚訝。

像 A 這種類型的人，對於只見過一次面、閒聊過幾句話的人，便很輕易地給予好的評價。也就是說，她只做表面的判斷，對於第三者的評價也會照單全收。而且，還輕率地將這樣的感官印象推銷給別人。

這種類型的人其實還相當地多，小心為上。

例如，某人不厭其煩地向你推薦某某健康食品，當你信以為真而花大錢買了之後，下次見面時他卻說：「啊，那個東西啊，其實不太好呢。」這時你不一頭霧水才怪。

還不只如此，「我告訴你另一個比那個更好的東西。」他又厚著臉皮開始推薦其他的東西。

這種人對於自己推薦了不好的東西給別人，竟然沒有絲毫的負罪感。

像這樣對於人、事、物的評價很善變的人，通常有兩種類型，一種是單純的老好人，很容易就去相信別人；另一種是有所企圖或抱著複雜的想法，誇大其詞地說「他是個不錯的人」、「這個東西很不錯喔」的類型。

不論是哪一種類型，當他跟你講述什麼事物或介紹什麼東西時，不要一下子就全盤接受，而是要多花一些時間觀察之後再做判斷，這樣比較安全，也可免去日後的麻煩。

對保不住祕密的人，要保持距離

人際交往中，誰沒有幾個可以交心的知己、共同分享祕密的死黨？然而，在你將一顆真心交付於人時，一定得問問自己，對方是可以為我保守一

切祕密的人嗎？

「因為你沒有說不能說啊，所以我說出去了。」會說這種藉口的人也不能信任。因為，在和別人聊天的時候，通常是不會一一註明這是祕密、那不是祕密的。而聆聽的人，通常也不會問：「這是不能說的祕密嗎？還可以跟別人說嗎？」

「我告訴妳，昨天，主任注視著我的眼睛說：『我也差不多該找個人結婚了呢。』」

「喔！這是祕密嗎？結果怎樣？他強烈追求過妳嗎？」

「這是祕密。之後他約我，問我要不要好好去休息一下。」

「啊？他約妳上旅館嗎？這也是祕密嗎？」

「嗯，他希望我嫁給他，這是祕密；他約我去旅館，這不是祕密，說出去也沒有關係。」

像這樣一個一個去分清哪些是不是祕密，這樣的談話不是很麻煩、很無趣嗎？

人就算沒辦法從語言當中理解，那從當時談話的方式、話題的展開、對方的表情、態度等，應該就可以判斷哪些是祕密、哪些是說出去也沒關係的。

因為將不能說的事情說出去而受到指責時，卻推說：「因為你沒有說不能說出去，所以我才說的啊。」這樣的人，不是個性不好便是欠缺常識，像這種類型的人還真是不少，要怎麼面對這樣的人呢？

這種類型的人，即使責備他說：「都說這是祕密了，怎麼還跟別人說呢？」他還是不會有所轉變的，因為他根本不認為自己做了什麼不好的事

情。所以，期望他對這些事情守口如瓶，根本是很困難的。

如果自己的祕密被他散播出去了，用同樣的方法報復他也是一策。將他的弱點、壞事等等捅出去會是很麻煩的事情，有意無意地散播出去，讓他知道，你是有仇必報的人，讓他對你有「這個人要非常小心」的強烈印象，這樣效果就達到了。

不過，「健忘」也是這一類型人的特色，過了一段時間，同樣的事情又會再度發生。所以，麻煩的事情不要讓他知道，才是上策。

從眼睛透視對方心靈

眼睛是最靈動和敏感的，它是心靈的一扇窗戶，眼神所反射過去的資訊往往傳遞的是另一種動人心弦的真情。

誠如人們所說的「會說話的眼睛」、「眼睛是靈魂之窗」，人在各種時候，不同的思緒動向會反映在眼睛中。通常人心中所想的事物，眼睛會比嘴巴還快說出來，而且幾乎不隱藏。因此，即使難以用言語表達，眼睛也會原原本本地表現出來。有的時候，雖然嘴上一再反對，眼睛卻流露著贊成的意味，而有時，口頭說得好聽的話，眼睛卻會「揭露」嘴巴所講的是謊話。眼睛是「口是心非」的最佳洩密者。

觀察力強的人必然有過上述經驗。不妨試著注意電視上的人。

例如歌唱節目中出現過一位中年男歌星，他每年公演時經常全場爆滿，深具實力，也廣受歡迎，因此對觀眾的態度也相當高尚優雅，始終笑容可掬。當他的面部表情占滿整個螢光幕時，他的眼睛會反映出一顆什麼樣的心呢？

第1章　揭開廬山真面目——一眼看出人的本質

　　儘管整張臉滿溢笑容，但那雙眼睛，卻是一點也不笑的，甚至可注意到他的目光很嚴肅，一本正經。不過，當然會如此，因為他的眼睛並未跟臉一起笑。如果眼睛也蕩漾笑意，他的心必然也在笑；如果心在笑，那一定是他目前已不為舞臺上的成敗勝負所擾。人，如果心會笑，就是緊張的情緒獲得紓解，不再受壓抑了。

　　日本某前總理大臣也曾有過類似的情形，常可見到他在電視新聞或報紙上笑容可掬，但其眼睛卻絕不會笑，這恐怕是身為一國之相，重責在身，很少有機會放鬆緊張的心情所致。

　　無論公務上或私人的交際應酬中，想讀出對方的心理，就一定要特別注意他的眼睛，因為人永遠無法包藏掩飾自己的心。在言辭中所說的是違心之論時，眼睛是無法一致的。所以，如果能悄悄地觀察眼睛的動向，就可達到了解對方心理的目的。

　　但是，與他人面對面交談時，有的人會把視線從對方臉上移到一旁，同時東張西望地說話。也許他不看對方的臉，是因為心懷詭計，因此總令人覺得這種人不可信賴。可是，千萬不能就此斷然下判斷。因為諸如小心謹慎的人、沒有自信心的人、怯懦的人，以及並非心存愧疚卻因畏縮而不敢正視對方的人，為數不少。從他們平日的性格表現中，便能馬上了解這些人。

　　真正的壞人或難以對付的人，有時也會把視線移開，不看對方的臉，因為壞人並非都是毫無畏懼的。

　　其次，試著從讀心的立場，觀察人眼睛所流露出的各種變化。但是，作者此處所指的，並非那些任何人一看都能明白的變化，而是稍不注意便難以捉摸的微妙之處。以下提供幾種平常不易察知的眼神變化：

(1) 注視遠方的眼神

在談話中，對方如果時時流露這種眼神，多半是對方並不注意你所說的話，心中正在盤算其他的事。比如進行交易的對手，他必然在心中做著衡量、計算，思索著如何在這場交易中謀取最大利益的策略。如果是沒有利害關係的話題，而對方並不專注於和你的對話，那一定是有其它事物盤踞心頭。

而在類似的眼神中，也有無法將目光凝注於固定一點的情形，如果對話主題是重要的交易，就必須特別加以注意。

諸如一些憂心的事：正沾沾自喜於銷售出大量商品時，卻遭到對方退票；或相反地，買進商品，卻發覺容易出故障、有瑕疵，而貨款早已被人捲逃而去；等等。這種對手的眼睛通常都是空空洞洞的，這是因為他心上有著極重的負擔或苦惱，使他的眼睛呈現出一種恍惚、散漫的神色。

所以，發現對方露出這種眼神時，便不應有所顧忌，而應將心中的疑問直接提出詢問。若家中有人生病時，也同樣需要這種思慮與關心。

(2) 閃爍的眼神

比較親近的人，有時會出現這類眼神，而初次見面的人，談話中也可能出現這樣的眼神。這種眼神，可顯示出那個人有所疑惑、誤解、敵意、警戒、不信任。

這種眼神出現在比較親近的人臉上，可能是他對你無意中對他所造成的傷害有所誤解，也可能是對你沒有信心。另外，這種眼神還表示對方並非完全誤解而是有所警戒，他的心裡正猶豫不決著。

初次見面的人出現這種眼神時，要不是談話中對你抱持著不信任、警戒的態度，就是對方已有了先入為主的印象，而這印象的來源可能來自於早已聽過關於你的傳聞，或者從介紹者口中建立了主觀的看法。

(3) 注視異性的眼神

男士大概都有如下經驗：情侶一起外出時，男士會不時對其他的女人投以好奇或欣賞的一瞥，這是因為即使在戀愛中，男人也不會喪失他客觀的本能。另一方面，同樣是在戀愛，女人和男人卻有所不同，女人的本性是，在戀愛時始終保持主觀的立場。因此，女人絕不會看其他的男人一眼，只會一心一意地凝視她的戀人，對他的一舉手、一投足抱以高度的關切。

但是，戀愛中的女人，看其他男人時，她的心境又有什麼變化呢？當然，如果她明顯地將視線移到其他男士身上，即使是再遲鈍的男士也會感覺得出。不過，一些細微的現象，例如下列情形，就必須費心注意才會發覺。

與女友到酒吧或咖啡廳等場所時，如果她突然悄悄地傾聽其他男士說話，看其他男性的手勢、動作，暗中觀察其他男性的隨身物品（手錶、車鑰匙、領帶夾等等），你就必須注意了，你的女友，已開始有她客觀的欣賞了，而更有甚者，她會公然地把視線轉移到其他男士身上。

如果責怪女友的這種行為，而她卻解釋希望你也擁有那男性所配戴的物件，則完完全全是一種詭辯。因為當女士有了這種感覺之後，在離開男友的陪伴而一人獨處時，就會想像她所愛慕的男士應是如此。所以，就她的行為誇張地解釋的話，那麼可以說她已經開始客觀地將你和其他的男士做比較，這是顯而易見的。

從言談透視人心

　　從一個人的言談舉止可以看透其心，想要明白別人心裡的最真實的想法，就從他的話語中領悟吧！

　　騙人最有效的武器，莫過於言詞了。即使平常我們對不誠實的人就有所警戒，但許多人還是在不知不覺中被花言巧語所欺騙。有種人總以一副和善率直的樣子與人親近，但是他所說、所想的卻是兩回事。另外，在不同的時候做不同的論調或輕諾的人，也不應忽略。此外，不知道他什麼時候說的是真話、什麼時候說的是假話，或者根本毫無信用的人，更是比比皆是。

　　但是，對於心口不一的人，如果仔細觀察，一定可以發現他有某些不自然的地方。因為一方面這種人容易以言語欺瞞耍詐，另一方面卻也更容易從言語中表現出他的情感或心理意向。所以讀心技術就是觀察言語的種種幽微變化，以捉摸其情感與心理，不僅僅止於心情愉快時說話起勁、不愉快時言語消沉等表面的變化。人或多或少有抑制自己的心理、情感和話語的情形。但那些被掩飾住的心緒，都可能由言語的各種變化詳加判斷。下面列舉數種常見的言語變化：

(1) 平日寡言，突然變得能言善辯

　　這是常見的現象，任何人在欣喜、快樂時都會比平日來得話多。然而，沒有明顯的原因，卻突然變得能言善辯，多半是內心不安或有所波動，唯恐對方看出而偽裝出逆向行為。也就是說將自己不願觸及的話題，盡量轉換為無關的話題。而且，有時人心中有不安及波動，就會說些不必要的逞強話，自設防線來掩飾自己的情緒並藉以寬解。這種由沉默寡言變得善辯的情形，

其內心的不安，必然容易轉變成其他行為或生理、表情的變化。

(2) 恭敬謹慎的措辭與諷刺挖苦

如果一反常態地變得說話過於謙卑，或進而以譏諷的口吻說話，那便說明心中蘊含著敵意與反感。這也是一種因敵意、反感而表現出的逆向行為。把這些情感表露出來，無意中會表現出足以拉開彼此距離的態度，或者因摻雜譏諷、挖苦而表露出攻擊性。

此時，還應觀察其他變化，例如眼睛：和善的目光逐漸消失而增加了些許銳利的眼神，而且，笑聲失去自然的沉著與高傲，表情也會變得生硬。

(3) 爭先說話、辯解

有種人時常不顧對方還沒將話說完，便搶先說明或辯解。這種人大多較為膽小，不斷為心中的愧疚或祕密是否會被揭穿而感到不安與焦躁。唯恐對方產生懷疑，便搶著說話，設立防線來辯解，這是想盡快脫離不安感的心理表現。因此，在懷疑對方有這種心態時，應不露痕跡，不要顯露出你的注意，並隨聲附和對方的論調，這樣一定能使對方漸漸安心，恢復平靜。而特別膽小的人，還可能在其他方面有所變化，如眼神因害怕而閃爍不定，言行舉止也會變得驚慌失措。

(4) 猥褻的話題及下意識的逃避

當犯罪的人站在犯罪現場時，總會裝作若無其事地看著刑警進行搜索。甚至有的肇事逃逸者會大膽地混進入群之中，回到現場探視。和這種心理相

同的，就是故意說些猥褻的話，直截了當地說出他人避而不談的話題，因為他試圖自行發掘自己最恐懼不安的根源，以使緊張和不安的心理獲得紓解。這種人說話往往是大膽地脫口而出，或出人意外地胡言亂語。總之，就是語不驚人死不休。而其言語有真有假，若要以讀心技術謹慎探討其內容，必可發現問題的關鍵。但是，如此大言不慚的人，在言詞以外的變化、反應卻一定很難看出。

另一方面，也有人為了盡量避免心情不安，而避開某些話題或場合。雖不能就此判斷其性格屬於膽小或細心，但這種態度一明顯，那些喜歡挑敏感話題說的人，若觸及此人下意識敬而遠之的話題，並固執地不肯罷休，則此人的反應就會更顯得焦躁不安。例如會產生挪開視線或垂下雙眼、交叉雙腿、不斷抽菸等內心不安、焦躁混雜的現象。

(5) 贊成或附和

平常並不太附和你說話論調的人偶爾也會過於迎合、贊同，這種人絕非是大意或漫不經心的人，必定有其目的或陰謀。只因為目前情勢不適於反對你，就暫時隨聲附和、極力贊成。例如：他還會裝作好意地為你費力奔走，而且不受委託便強欲施人恩惠等。然而，在他內心卻有著不容拒絕的條件及暗藏的詭計。總之，識破這種附和或迎合，是非常必要的。

洞察人心五術

一個成功者的領導者要怎樣才能得到屬下的真心？動動你聰明的腦筋吧，讓自己成為一個擁有屬下真心的領路人。

第1章 揭開廬山真面目——一眼看出人的本質

戰國末期的大政治家韓非子，對於洞察人心的方法，掌握得非常徹底。韓非子認為，君王如欲實行中央集權政策，就必須控制臣下，而只有能夠洞察人心的君王，才能妥善地駕馭臣子，所以韓非子特別重視看透人心的方法。

《韓非子》一書中，有一部分談到有關君王之事（也稱「七術」），七術中有五術是有關洞察臣子之心的方法，由此可以知道韓非子是如何重視人心的洞察。

這五項洞察人心的方法是：

(1) 必須以事實對照言語

只聽臣子的報告，而不用事實來證明，這樣很難明白真相。

魯國宰相叔孫豹手下有一位名叫豎牛的侍從，他十分厭惡叔孫豹的兒子，時時刻刻希望除去這個眼中釘。有一天，豎牛就在叔孫豹的面前說他兒子的壞話，叔孫豹誤信他的奸計，於是殺死了自己的兒子，甚至自己也惹來殺身之禍。這就是聽信人言而不加證實所給人的教訓。

(2) 使每個人都有表現的機會，以發掘其才能

齊宣王喜歡聽吹竽，並喜歡合奏。對於會吹竽的人，不加選擇一律任命為樂師，因此宮廷樂師多達數百人。

宣王死後，繼位的國君喜歡聽獨奏的樂曲，因此夾雜在樂師中充數的人立刻逃之夭夭。

這個故事告訴我們，對於能力的評斷，要看個人單獨的表現。所以，在

洞察人心的時候，要讓每個人有單獨表現的機會，這樣才能觀察出各人的實際才能。

(3) 故弄玄虛以警戒屬下

戰國貴族龐敬，最懂得人的心理，在一次派遣部屬巡察四境的時候，又表現了他的高明手法。他先派遣一名部屬巡視環境，然後在他正要執行任務的時候，又突然把他召回，令他守候在外待命。一段時間之後，又發布命令，讓他繼續巡視工作。於是這名部屬心生疑惑，認為其中必有隱情，因此在巡察之時，不敢稍有怠慢。就這樣，龐敬達到了警戒部屬的目的。

(4) 以若無其事的態度試探對方

對有些明明知道的事假裝不知，可以達到試探對方的目的。

韓昭侯有一天在剪指甲的時候，故意將一片剪下的指甲屑留在手中，然後命令近侍：

「我把剛才剪下的指甲屑弄丟了，心裡毛毛的，很不是滋味，快些幫我找出來。」

眾人手忙腳亂地找了一陣之後，有一位近侍偷偷剪下自己的指甲呈上，稟報說找到了，於是昭侯發現他是一個會說謊的人。

又有一次，昭侯命令屬下四處巡視，察看是否有事發生。結果屬下回報說沒有動靜，經昭侯再三追問，才告知南門之外有牛進入軍田偷吃了禾苗一事。

昭侯聽完之後，命令報告的人不準洩漏消息，然後派遣其他的人出外巡

視，並且告訴他們：

「近來發現有違反禁令，讓牛馬牲畜踐踏旱田的行為，你們速去探知回報。」

不久之後，所有的調查報告都呈了上來，但其中並沒有一件是關於南門外事件的報告，昭侯於是大發雷霆，命令屬下重新嚴加調查，終於查出南門外發生的事件。

從此，部下都畏懼昭侯明察秋毫的能力，再也不敢馬虎行事了。

（5）刻意布陣試探人心

山陽君察覺君王近來似乎對他有些疑心，但又無法探知君王的心意，於是故意散布謠言，毀壞一個臣子的名譽。這名寵臣聽到山陽君毀謗他的話，怒氣橫生地對周圍人說：

「哼！山陽君還有心情說別人的閒話？他已被君王懷疑，自身難保了……」然後把君王對山陽君的觀感完全吐露出來。

由此，山陽君探得了君王對他的種種看法。

再舉一例。燕相之子一次在私宅中對家臣不著邊際地說了一句：

「剛才從門口出去的是不是一匹白馬？」

「沒有啊！我們沒看見馬……」

大家感到驚訝，異口同聲地這樣回答。可是，其中有一個人，走出門外張望了一下，回來報告：

「確實有一匹白馬。」

燕相之子於是發現這個家臣是個善於說謊的人。

識人的八大法則

面對周圍形形色色來來往往的各類人群，你知道他們屬於你眼裡的哪一類人嗎？用和你自己獨特的眼去識別與你接觸的人，你會發現，原來你身邊的人有這樣的，也有那樣的。

看人是一種藝術，也是一種智慧。有的人看人只看外表，看別人長得很美，「我」好羨慕；看他長得好帥，「我」好喜歡。有的人看人只看一時的，看他這個動作很斯文，看他這一句話說得很合「我」的意。其實，真正有心眼會看人的人，不會只看一時，也不會只看其外表。

你會看人嗎？你對人的好壞、善惡、尊卑、貴賤是怎樣的看法呢？一個人的修養、德行如何，怎樣分辨呢？人，我們都認識，人有一雙手，有兩條腿，有幾尺高，有胖瘦、高矮之分等，這是人的外表。

每一個人都有他的內心世界，他內在的思想、見解、理念，能夠看出一個人的真正本質，看出他的心地好不好，這才是真正有心眼人的識人之術。

(1) 勿以工作「賤」，而以人賤來看之

其實工作無貴賤。工作最神聖，我們不能以工作的內容來衡量一個人的人格高低。所謂「五位非賤，無恥為賤」，因此我們不要以為那個人是清掃街道的清潔隊員，那個人是開計程車的司機，那個人是擺地攤的流動攤販，就認為他們的人格很卑下。其實只要憑正當的工作賺錢，行行都能有益於社會，所以不要以工作的高下而把人格劃上等號。

(2) 勿以年紀老，而以人老來看之

生命的活力，不是在於軀體，而是在於心性。人老，不是由於年齡，而是由於心境。

有的人年紀雖然很老，可是他的精神、心力很旺盛，他有服務社會的熱忱，他有救世濟人的善心，非一般年輕人所能及，所以勿以年齡的大小，來衡量一個人的老邁與否。

(3) 勿以財富窮，而以人窮來看之

真正的富有，是歡喜而不是財富；真正的貧窮，是無知而不是無錢。因此我們不能以金錢的多少來評斷一個人是窮是富。有的人「人窮志不窮」，比起那些有錢人，更有人格，更講究原則，更崇尚道德，這就是精神上的富有，所以不能以財富窮，而以人窮來看之。

(4) 勿以成就小，而以人小來看之

一個人的成就大小，不能以世俗的眼光來論定。例如除事業上的成就、經濟上的成就、愛情上的成就以外，還有學問上的成就、道德上的成就、人格上的成就等。有的人雖然沒有做大官、發大財，但是他日日為社會服務，到大馬路上指揮交通，到醫院協助患者就醫，到學校門口導護孩子上下學等。他樂於助人、廣結善緣，你能說他的成就很小，就把他當成是一個渺小的小人物嗎？

從世俗的價值觀來看，或許他的成就很有限，但是他的道德和人格是崇高的，正所謂從平凡中更見其偉大。

(5) 貧人視其所取

貧窮是罪惡的溫床,有的人貧困久了,窮怕了,一旦有發財的機會,他就不擇手段,以至暗地裡千方百計,處心積慮,就想發財賺錢,當然更是顧不得道德與否。但是一個有德的人,沒有錢他不需太顧慮,就怕沒有道,縱然貧無立錐之地,但他能安之若素,對於不當、不義之財,毫芥不取。所以貧得有骨氣、貧得有人格的人,雖貧猶富。

(6) 窮人視其所為

所謂「人窮志不窮」,有的人雖然窮苦,但他不糟蹋自己,不自怨自艾,不自卑自憐,立志奮發,力爭上游;他雖然窮苦,但所作所為都有正義,都有正見,都有正行,都能合乎「非禮勿視、非禮勿聽、非禮勿言、非禮勿取、非禮勿為」。能夠窮而窮得有人格、窮得有道德、窮得有作為的人,非聖即賢。

(7) 富人視其所與

有的人很有錢,但是有錢並不代表有德,有錢也不代表有智能,有錢更不代表有人緣。有錢的人要看他如何用錢,有的人縱使懂得布施,也還要看他如何布施。如果布施是為了沽名釣譽,或是布施的物件只限於自己所愛、所好,這種有所得的布施功德有限。懂得將錢財用於造福國家和社會,造福一切大眾,這才是智者所為。

(8) 貴人視其所舉

　　人的尊卑貴賤，不在於他是否居高官，享受豐厚薪水，而在於他的舉措行為，是否能綻放人性的光輝。有的人官位很高，但他的行為卑賤，有時連乞丐都不如，有的人雖然地位卑微，但他的道德風骨，能夠為人表率，這才是真正高貴的人。

　　因此，一個人的「貧窮富貴」，並不是看他的財富多少、地位高低，而在於他的為人如何。貧窮的人懂得潔身自愛，懂得立志向上，則人窮志不窮，在道德上來看，他仍是富有的人；一個位高權重、富甲一方的人，懂得利用自己的財富地位去服務大眾，造福人群，他才是一個真正高貴的人，才是一個真正富有的人。

第 2 章　乖言巧語籠絡人心 ——

能說會道事事通

第 2 章　乖言巧語籠絡人心─能說會道事事通

口頭上的勝利是做人的悲哀

尖銳的口舌用於強辯，則會成為可悲者。

口頭上的贏不能叫贏，處處與人爭論不休，那是做人的悲哀。

有一種人，反應快，口才好，心思靈敏，在生活或工作中和人有利益或意見的衝突時，往往能充分發揮辯才，把對方辯得臉紅脖子粗，啞口無言。

長此以往，這種人就形成了一種習慣：不管自己有理無理，只要用到嘴巴，他絕不會認輸，而且也不會輸，因為他有本事抓你言語上的漏洞，也會轉移戰場，四處攻擊，讓你毫無招架之力；雖然你有理，他無理，但你就是拿他沒辦法。

在辯論會、談判桌上，這種人也許是個人才，但在日常生活和工作場合中，這種人反而會吃虧，因為日常生活和工作場合不是辯論臺，也不是會議室和談判桌，你面對的可能是能力強但口才差，或是能力差口才也差的人，你辯贏了前者，並不表示你的觀點就是對的；你辯贏了後者，只凸顯你是個好辯之徒且沒有「心機」罷了。

而一般常見的情形是，人們雖然不敢在言語上和你交鋒，但誰對誰錯大家心知肚明，反而會同情辯輸的那個人，你的意見並不一定會得到支援，而且別人因為怕和你在言語上交鋒，只好盡量迴避你。如果你得理還不饒人，把對方趕盡殺絕，讓他沒有臺階下，那麼你已種下一顆仇恨的種子，這對你絕對不是好事。

有好口才不是壞事，但運用不當則會壞事，因此你若有好口才，建議你：

1. 把口才用來說明事理，而不是用來戰鬥，不過當有人攻擊你時，你當然可以自衛。

2. 有好的口才，也必須要有相應的涵養，否則別人會笑你全身只有舌頭最發達。

3. 要駁倒對方，保衛自己的意見時，點到為止即可，切莫讓對方無地自容，換句話說，要給對方臺階下。

4. 別人得罪你時，你雖理直氣壯，但也不必把對方罵得狗血淋頭。

5. 若自己的觀點有錯，要勇於認錯，並接受對方的觀點，切莫用辯論的技巧死命反擊，因為黑就是黑，白就是白，強辯只會讓人看不起你。

好口才再配上好的「心機」，這樣的人無疑會很有影響力，如果空有好口才而不知收斂，帶來的損失是巨大的。因為他把逞口舌之快當成一種快樂，這是這種人最大的悲哀。

管好舌頭，不該說的不亂說

快言快語可稱之為直爽，但這種爽快也應當稍加鎮定的思考才行。

舌頭是人之利器，也是人之禍害。無論你是吃硬飯還是吃軟飯，舌頭能幫你也能害你。所以，管不好自己的舌頭，就要面臨禍從口出的災難！

有些人心裡藏不住話，聽到什麼、看到什麼就愛四處傳播，這是一個很大的缺點，有句俗話說：「病從口入，禍從口出。」許多是非往往是我們多嘴多舌造成的。

當然，人長了嘴巴就是要說話的，但說話一定得看場合，看時機。如果說話不看場合，不注重方式方法，不分責任，不考慮結果，往往容易惹出是非和麻煩來。特別是社會新鮮人，閱歷少，經驗不足，愛說敢說，如果不注意控制，就更容易因話惹禍。這時不管你是有心還是無心，長期下去，最終

第 2 章　乖言巧語籠絡人心—能說會道事事通

會害了你自己。

在我們的日常生活中，舌頭惹出的風波太多了。不負責任的背後瞎說，毫無根據的懷疑猜測，不經調查的輕信亂傳，東拉西扯的閒言雜語，都會為許多人造成痛苦和煩惱，為人世間增添許多是非和不幸。當然為別人帶來不幸的同時，往往最終自己也受到惡報。

「害人的舌頭比魔鬼還厲害……上帝仁慈為懷，特地在舌頭外面築起一排牙齒、兩片嘴唇，好讓人們在開口講話之前多加考慮。」這是文學家的語言，意思是說我們在說話之前要多加考慮，要負責任，不能出口傷人，損害別人。

其實，言為心聲，語言受思想支配，反映一個人的品德。不負責任，胡說八道，造謠中傷，搬弄是非等，都是不道德的。

能管住自己的舌頭就是做人最大的成功。

爭辯不能消除錯誤，只能加深怨恨

現實生活中，為了分歧和矛盾，難免與人發生喋喋不休的爭辯，可是，不肯讓步的爭論絕對不會化解雙方的矛盾，反而只會將其愈演愈烈，那麼換一種解決的方式吧，「忍一時風平浪靜，退一步海闊天空」。

謝爾蓋耶維奇曾說過，懦弱愚蠢的人才喜好激動和大吵大嚷，聰明強幹的人什麼時候都應保持自己的尊嚴。事實也是如此，聰明的人絕不參與爭辯。

第二次世界大戰剛結束的一天晚上，美國人戴爾‧卡內基在倫敦得到了一個極有價值的教訓。當時他是羅斯‧史密斯爵士的私人經紀人。大戰期

間，史密斯爵士曾任澳大利亞空軍戰鬥機飛行員，被派往巴勒斯坦工作。歐戰勝利締結和約後不久，他以 30 天旅行半個地球的壯舉震驚了全世界。沒有人完成過這種壯舉，這引起了很大的轟動。澳大利亞政府頒發給他 5,000 美元獎金，英國國王授予了他爵位。有一天晚上，戴爾‧卡內基參加一次為推崇他而舉行的宴會。宴席中，坐在戴爾‧卡內基右邊的一位先生講了一段幽默，並引出了一句話，意思是謀事在人，成事在天。

他說那句話出自《聖經》。他錯了，戴爾‧卡內基知道，且很肯定地知道出處，一點疑問也沒有。為了表現出優越感，戴爾‧卡內基很討嫌地糾正他。他立刻反唇相譏：「什麼？出自莎士比亞？不可能，絕對不可能！那句話出自《聖經》。」他自信確實如此！

那位先生坐在右首，戴爾‧卡內基的老朋友弗蘭克‧格蒙在卡內基左首，他研究莎士比亞的著作已有多年，於是，戴爾‧卡內基和那位先生都同意向他請教。格蒙聽了，在桌下踢了戴爾‧卡內基一下，然後說：「戴爾，這位先生沒說錯，《聖經》裡有這句話。」

那晚回家的路上，戴爾‧卡內基對格蒙說：「弗蘭克，你明明知道那句話出自莎士比亞。」

「是的，當然，」他回答，「《哈姆雷特》第五幕第二場。可是親愛的戴爾，我們是宴會上的客人，為什麼要證明他錯了？那樣會使他喜歡你嗎？為什麼不留點面子給他？他並沒問你的意見啊！他不需要你的意見，為什麼要跟他爭論？應該永遠避免跟人家正面衝突。」

天底下只有一種能在爭論中獲勝的方式，那就是避免爭論。十之八九，爭論的結果會使雙方比以前更相信自己絕對正確。你贏不了爭論，要是輸了，當然你就輸了。即使贏了，但實際上你還是輸了。為什麼？如果你的勝

第 2 章　乖言巧語籠絡人心─能說會道事事通

利，使對方的論點被攻擊得千瘡百孔，證明他一無是處，那又怎麼樣？你會覺得洋洋得意。但他呢？他會自慚形穢，你傷了他的自尊，他會怨恨你的勝利，而且，一個人即使口服，但心裡並不服。

正如明智的班傑明·富蘭克林所說的：「如果你老是爭論、反駁，也許偶爾能獲勝，但那只是空洞的勝利，因為你永遠得不到對方的好感。」

因此，你自己要衡量一下，你寧願要一種字面上的、表面上的勝利，還是要別人對你的好感？

威爾遜總統任內的財政部長威廉·吉布斯·麥卡杜以多年政治生涯獲得的經驗，說了一句話：「靠辯論不可能使無知的人服氣。」

拿破崙的家務總管康斯坦在《拿破崙私生活拾遺》中曾寫到，他常和約瑟芬打檯球：「雖然我的技術不錯，我總是讓她贏，這樣她就非常高興。」

我們可從中得到一個建議：讓我們的同事、朋友、丈夫、妻子在瑣碎的爭論上贏過我們。

爭辯不可能消除誤會，而只能靠技巧、協調、寬容以及同情的眼光去看別人的觀點。

林肯有一次斥責一位和同事發生激烈爭吵的青年軍官，他說：「任何決心有所成就的人，絕不會在私人爭執上耗時間，爭執的後果，不是他所能承擔得起的。而後果包括發脾氣、失去自制力。要在跟別人擁有相等權利的事物上多讓步一點，而那些顯然是你對的事情，就讓得少一點。與其跟狗爭道，被牠咬一口，不如讓牠先走。因為，就算宰了牠，也治不好你的傷口。」

不慎失言，要趕快彌補

人總會有說錯話的時候，不管你是誰，遇到這種處境時，千萬別失了分寸，而應該以平靜心態，採取補救的方法。

人在生活當中，總有說話不當或做事不當的時候，發生這些事的時候，最重要的就是鎮定自若、處變不驚，積極尋找措施來補救。這也是處世的一種心機。

「人有失足，馬有失蹄」，失足了可以再站起來，失蹄了可以重新振作，而人失言了可以用妙語去彌補。只要你有「心機」，你可以補得天衣無縫。

身為一個空姐，茱莉葉小姐常常接受嚴格的語言訓練。儘管這樣，她有時還是不免失言。

那次在航線上，她和往常一樣本著顧客至上的服務精神，熱情地詢問一對年輕的白種人夫婦，是否需要為他們的幼兒預備點早餐。那位男顧客出人意料地用中文答道：「不用了，孩子吃的是人奶。」

沒有仔細聽這位先生的後半句話，為了進一步表示誠意，茱莉葉小姐毫不猶豫地說：「那麼，如果您孩子需要用餐，請隨時通知我好了。」

他先是一愣，隨即大笑起來。朱莉葉小姐這才如夢初醒，羞紅了臉，為自己的失言窘得不知如何是好。

「人有失足，馬有失蹄」，在人們的社交過程中，無論是誰，都免不了發生言語失誤，雖然其中原因有別，但它造成的後果卻是相似的，或貽笑大方，或糾紛四起，有時甚至不可收拾。

那麼，能不能採取一定的補救措施或者矯正方法，去避免言語失誤帶來的難堪局面呢？回答是肯定的。

第 2 章　乖言巧語籠絡人心—能說會道事事通

歷史上和現實中許多能說會道的名人，在失言時仍死守自己的城堡，因而慘敗的情形數不勝數。比如 1976 年 10 月 6 日，在美國福特總統和卡特共同參加的為總統選舉而舉辦的第二次辯論會上，福特對《紐約時報》記者馬克斯·佛朗肯關於波蘭問題的質問，做了「波蘭並未受蘇聯控制」的回答，並說「蘇聯強權控制東歐的事實並不存在」。這一發言在辯論會上屬於明顯的失誤，當時遭到記者立即反駁。但反駁之初，佛朗肯的語氣還是委婉的，試圖給福特一個改正的機會。他說：「問這一件事我覺得不好意思，但是您的意思難道是在肯定蘇聯沒有把東歐化為其附庸國？也就是說，蘇聯沒有憑軍事力量壓制東歐各國？」

福特如果當時明智，就應該承認自己失言並偃旗息鼓，然而他覺得身為一國總統，面對著全國的電視觀眾認輸，絕非善策。結果付出了沉重的代價，刊登這次電視辯論會的所有專欄都紛紛對福特的失策作了報導，他們驚訝地問：「他是真正的傻瓜呢？還是像隻驢子一樣的頑固不化？」卡特也乘機把這個問題再三提出，鬧得天翻地覆。

有「心機」的人在被對方擊中要害時絕不強詞奪理，他們或點頭微笑，或輕輕鼓掌。如此一來，觀眾或聽眾弄不清葫蘆裡賣的是什麼藥。有的從某方面理解，認為這是他們服從真理的良好風範；有的從另一方面理解，認為這是他們不畏辯解的豁達胸懷。而究竟他們認輸與否仍是個未知的謎。這樣的辯論家即使要說也能說得很巧，他們會向對方笑道：「你講得好極了！」

相比之下，雷根的表現就顯得很有「心機」。

一次，美國總統雷根訪問巴西，由於旅途疲乏，年歲又大，在歡迎宴會上，他脫口說道：

「女士們，先生們！今天，我為能訪問玻利維亞而感到非常高興。」

有人低聲提醒他說漏了嘴，雷根忙改口道：

「很抱歉，我們不久前訪問過玻利維亞。」

儘管他並未去玻利維亞，當那些不明就裡的人還來不及反應時，他的口誤已經淹沒在後來滔滔的大論之中了，這種將說錯的地點、時間加以掩飾的方法，在一定程度上避免了當面丟醜，不失為補救的有效手段。只是，這裡需要的是發現及時、改口巧妙的語言技巧，否則要想化解難堪也是困難的。

在實踐中，遇到失言這種情況，有三個補救辦法可供參考：

1. 移植法。就是把錯話移植到他人頭上。如說：「這是某些人的觀點，我認為正確的說法應該是……」這就把自己已說出口的某個錯誤糾正過來了。對方雖有某種感覺，但是無法認定是你說錯了。

2. 引開法。迅速將錯誤言詞引開，避免在錯中糾纏。就是接著那句話之後說：「然而正確說法應是……」或者說：「我剛才那句話還應作如下補充……」這樣就可將錯話抹掉。

3. 改義法。巧改錯話的意義，當意識到自己講了錯話時，乾脆重複肯定，將錯就錯，然後巧妙地改變錯話的含義，將明顯的錯誤變成正確的說法。

兩難問題，似是而非好解脫

能夠巧妙地運用語言，你就能在面對那些棘手問題時輕鬆多了。

面對別人的刁難，面對兩難問題，不必去苦思冥想，只要以其人之道反治其身，用似是而非的語言去解脫，讓對手掉入自己設計的圈套。

說話本應準確、清楚。但在語言的實際運用中，許多話語的意義是模糊

的。因為現實生活中有些話不必要，也不便於說得太實太死。

王元澤是宋朝著名政治家、文學家王安石的兒子，在他還小時，有一個客人把一頭獐和一頭鹿放在一個籠子裡，問王元澤哪一頭是獐，哪一頭是鹿。王元澤回答說：「獐旁邊的那頭是鹿，鹿旁邊的那頭是獐。」王元澤的回答固然沒有錯。但是，王的回答是含糊其辭的，因為他沒有確切地指明哪頭是獐，哪頭是鹿。然而妙也就妙在這「含糊其辭」上，王元澤如果老老實實地回答「不知道」，那就顯示不出他的聰穎和機智，也不可能引起客人對他的才華的讚賞了。

一個財主晚年得子，很是高興。生日那天，大家都來祝賀：財主問客人說：「這孩子將來怎麼樣？」客人甲說：「這孩子將來能當大官！」財主大喜，給了賞錢。財主又問第二個客人說：「這個孩子將來怎麼樣？」客人乙說：「這個孩子將來要發大財！」財主又賞了錢。財主又問第三個客人說：「這個孩子將來怎麼樣？」客人丙說：「這個孩子將來要死的！」財主氣極了，把他打了一頓。說假話的得錢，說真話的挨打。既不願說假話，又不願挨打，怎麼辦？只好說：「啊呀，哈哈，啊哈，這孩子，哈哈……」

法國大革命時期的政治活動者和記者巴貝夫，1797 年在高等法院法庭上受審時辯護說：「當我第一次受審時，我曾隆重地提出保證，我要偉大地、莊嚴地來維護我們的事業，這樣，我才對得起法國的真誠朋友，我才對得起自己。我一定會遵守我的諾言……

「自由的精神，我是多麼感激你！因為你使我處於比所有其他的人更為自由的地位，我所以是更為自由，正是因為我身上背著鐵鍊，我所要完成的任務是多麼美好！我所維護的事業是多麼崇高！它只許我說出真理 —— 這也正是我要的。即使我的內心感覺沒有對我指點出真理，這項事業會迫使我說出

純粹的真理。正是因為我身上背著鐵鍊，我在無數被壓迫者和受難者之前有發表自由意見的優先權……

「我們雖然關在囚籠裡，並受殘酷的折磨，但只要我們還能得到那崇高的事業的支持，我們便有責任公開宣布我們所熱愛的真理……」

巴貝夫就這樣在法庭上宣揚了革命理想，這番充滿激情的言論，人人都知所講的內容，但也沒有明說，不失雄辯的力量。

讓你平步青雲的十種說話技巧

語言是一門藝術，在運用中必會有一定的技巧，掌握了談話中的一些技巧，那麼，你會在適當的時刻盡量展現你的語言魅力，最終平步青雲。

要是你以為單靠熟練的技能和辛勤的工作就能在職場上出人頭地，那你就有點無知了。當然，才能加上超時加班固然很重要，但懂得在關鍵時刻說適當的話，那也是成功與否的決定性因素。卓越的說話技巧，譬如討好重要人物、避免麻煩事落到自己身上、處理棘手的事務等，不僅能讓你的工作生涯加倍輕鬆，更能讓你名利雙收。牢記以下 10 個句型，並在適當時刻派上用場，加薪與升遷必然離你不遠。

(1) 以最婉約的方式傳遞壞消息句型：我們似乎碰到一些狀況

你剛剛才得知，一件非常重要的案子出了問題，如果立刻跑到上司的辦公室裡報告這個壞消息，就算這件事的發生與你無關，也只會讓上司質疑你處理危機的能力，弄不好還惹來一頓罵，把氣出在你頭上。此時，你應該以不帶情緒起伏的聲調，從容不迫地說出本句型，千萬別慌慌張張，也別使用

「問題」或「麻煩」這一類的字眼，要讓上司覺得事情並非無法解決，而「我們」聽起來像是你將與上司站在同一陣線上並肩作戰。

(2) 上司傳喚時責無旁貸句型：我馬上處理

冷靜、迅速地做出這樣的回答，會讓上司直覺地認為你是名有效率、聽話的好部屬。相反，猶豫不決的態度只會惹得責任本就繁重的上司不快。夜裡睡不好的時候，還可能遷怒到你頭上呢！

(3) 表現出團隊精神句型：安琪的主意真不錯

安琪想出了一條連上司都讚賞的絕妙好計，你恨不得你的腦筋動得比人家快，與其拉長臉孔，暗自不爽，不如偷沾她的光。

方法如下：趁上司聽得到的時刻說出本句型。在這個人人都想爭著出頭的社會裡，一個不嫉妒同事的部屬，會讓上司覺得此人本性純粹，富有團隊精神，因而另眼看待。

(4) 說服同事幫忙句型：這個報告沒有你不行啦！

有件棘手的工作，你無法獨立完成，非得找個人幫忙不可。於是，你找上了那個對這方面工作最拿手的同事。怎麼開口才能讓人家心甘情願地助你一臂之力呢？奉承他，灌迷湯，並保證未來必定回報，而那位好心人為了不辜負自己在這方面的名聲，通常會答應你的請求。不過，將來有功勞的時候別忘了記上人家一筆。

(5) 巧妙閃避你不知道的事句型：讓我再認真地想一想，三點以前給您答覆好嗎？

上司問了你某個與業務有關的問題，而你不知該如何回答，千萬不可以說「不知道」。本句型不僅暫時為你解圍，也讓上司認為你在這件事情上很用心，一時之間竟不知該如何啟齒。不過，事後必須得做足功課，按時交出你的答覆。

(6) 智退性騷擾句型：這種話好像不大適合在辦公室講喔！

如果有同事開黃腔令你無法忍受，這句話保證讓他們閉嘴。你很難判斷他們是無心還是有意，但這句話可以令無心的人明白，適可而止。如果他還沒有閉嘴的意思，即構成了性騷擾，你可以向相關性平組織求助。

(7) 不露痕跡地減輕工作量句型：我了解這件事很重要，我們能不能先查一查手頭上的工作，把最重要的排出個優先順序？

如果上司交給你過多的工作量，不如當下就推辭。首先，強調你明白這件任務的重要性，然後請求上司的指示，為新任務與原有工作排出優先順序，不露痕跡地讓上司知道你的工作量其實很重，若非你不可的話，有些事就得延後處理或轉交他人。

(8) 恰如其分地討好句型：我很想聽聽您對某件案子的看法

許多時候，你與高層主管共處一室，而你不得不說點話以避免冷清尷尬

的局面。不過，這也是一個讓你能夠贏得高層青睞的絕佳時機。但說些什麼好呢？每天的例行公事，絕不適合在這個時候被搬出來講，談天氣嘛，又根本不會讓高層對你留下印象。

　　此時，最恰當的莫過於一個跟公司前景有關，而又發人深省的話題。問一個大老闆關心又熟知的問題，當他滔滔不絕地訴說心得的時候，你不僅獲益良多，也會讓他對你的求知上進之心刮目相看。

(9) 承認過失但不引起上司不滿句型：是我一時失察，不過幸好……

　　犯錯在所難免，但是你陳述過失的方式，卻能影響上司心目中對你的看法，勇於承認自己的過失非常重要，因為推卸責任只會讓你看起來就像個討人厭、軟弱無能、不堪重用的人，不過這不表示你就得因此對每個人道歉，訣竅在於別讓所有的矛頭都指到自己身上，坦承卻淡化你的過失，轉移眾人的焦點。

(10) 面對批評要表現冷靜句型：謝謝你告訴我，我會仔細考慮你的建議

　　自己煞費苦心的成果卻遭人修正或批評時，的確是一件令人苦惱的事。不需要將不滿的情緒寫在臉上，但是卻應該讓批評你工作成果的人知道，你已接收到他傳遞的資訊。不卑不亢的表現令你看起來更有自信，更值得人敬重，讓人知道你並非一個剛愎自用或是經不起挫折的人。

堅持在背後說別人的好話

流言蜚語往往流傳於人們的背後，若將那些是非之言換為讚不絕口的讚美，那麼，我們的身邊會有更多的歡笑伴隨。

喜歡聽好話似乎是人的一種天性。當來自他人的讚美使其自尊心、榮譽感得到滿足時，人們便會情不自禁地感到愉悅和鼓舞，並對說話者產生親切感，這時彼此之間的心理距離就會因讚美而縮短、靠近，自然就為交際的成功創造了必要的條件。

在背後說一個人的好話比當面恭維說好話要好得多，你不用擔心，你在背後說他的好話，很容易就會傳到他的耳朵裡。

對一個人說別人的好話時，當面說和背後說是不同的，效果也不會一樣。你當面說，人家會以為你不過是奉承他、討好他。

當你的好話在背後說時，人家認為你是出於真誠的，是真心說他的好話，人家才會領你的情，並感激你。假如你當著上司和同事的面說你上司的好話，你的同事們會說你是討好上司，拍上司的馬屁，而容易招致周圍同事的輕蔑。另外，這種正面的歌功頌德，所產生的效果反而很小，甚至有產生反效果的危險。你的上司臉上可能也掛不住，會說你不真誠。與其如此，倒不如在公司其他部門、上司不在場時，大力地「吹捧一番」，這些好話終有一天會傳到上司的耳中的。

有一個員工，在與同事們午休閒談時，順便說了上司的幾句好話：「陳征這個人很不錯，辦事公正，對我的幫助尤其大，能為這樣的人做事，真是一種幸運。」沒想到這幾句話很快就傳到陳征的耳朵裡去了，這免不了讓陳征的心也有些欣慰和感激。而同時，這個員工的形象也提升了。連那些傳播

者在傳達時，也順帶對這個員工誇讚了一番：這個人心胸開闊、人格高尚，真不錯。

在背後說別人的好話，能最大化表現你的胸懷和誠實，有事半功倍的效用。比如，你誇上司，說他公平，對你的幫助很大，而且從來不搶功。以後，你的上司在搶功時，可能會有那麼一點點顧慮，也會手下留情。

如果別人了解了你對任何人都一樣真誠時，對你的信賴就會日益增加。

在背後說別人的好話，會被人認為是發自內心，不帶私人的動機的。其好處除了能給更多的人一種榜樣的激勵作用以外，還能使被稱讚者在聽到別人傳播過來的好話後，更感到這種讚揚的真實和誠意，從而在榮譽感上得到滿足的同時，增強了上進心和對說好話者的信任感。

如《紅樓夢》中有這麼一段：

史湘雲、薛寶釵勸賈寶玉做官為宦，賈寶玉大為反感，對著史湘雲和襲人讚美林黛玉說：「林姑娘從來沒有說過這些混帳話！要是她說這些混帳話，我早和她分了。」

湊巧這時黛玉來到窗外，無意中聽見賈寶玉說自己的好話，「不覺又驚又喜，又悲又嘆」。結果寶、黛兩人互訴肺腑，感情大增。

因為在林黛玉看來，寶玉在湘雲、寶釵、自己三人中只讚美自己，而且不知道自己會聽到，這種好話就不但是難得的，還是無意的。倘若寶玉當著黛玉的面說這番話，好猜疑、小性子的林黛玉恐怕還會說寶玉打趣她或想討好她呢。

拒絕朋友注重技巧

一個人的能力總是有限的。盡力而為固然是一種義氣之道，但是，當你答應別人的事在你所能承擔範圍之外時，一定得用巧妙的方式來回絕。

答應幫別人辦事情，首先看自己能不能辦到，這是人人都明白的道理。但就有那麼一些人不自量力，對別人請求幫助的事情一概承擔下來，事情辦好了什麼事也沒有，但如果辦不好或只說不做，那就是不守信用，朋友就會埋怨你。

一個有點權力而又很有限的人更應該注意，因為你有權，別人，包括親戚朋友託你辦事的人肯定很多。這時你應該要有策略地回絕，不能輕易答應別人。有的朋友託你辦的事可能不符合法規，這樣的事最好不要允諾，而應該當面跟朋友解釋清楚，不要留下什麼指望給朋友。不然，朋友會認為你不給方便。有的朋友找你辦的事可能不違反法規，但確實有難度，那就跟朋友說明，這件事難度很大，我只能試試，辦成辦不成很難說，你也不要抱太大希望，這樣做是為自己留有餘地，萬一辦不成，也好有個交代。

當然，對於那些舉手之勞的事情，還是答應朋友去辦，但答應了後，無論如何也要去辦好，不可今天答應了，明天就忘了，等到朋友找你時，你會很尷尬。

我們在這裡強調不要輕率地對朋友做出許諾，並不是一概不許諾，而是要三思而後行。盡量不說「這事沒問題，包在我身上了」之類的話，為自己留一點餘地。順口的承諾，只是一條會勒緊自己脖子的繩索。

對待朋友的要求，要注意分析，不能一概滿足。因為不分青紅皂白一概滿足，有可能惹火燒身。因此，必須搞清楚朋友的要求是正當的，還是不正

當的，是不是符合原則或規範。千萬不能礙於情面，有求必應，使命必達。

對待朋友的要求，是否要拒絕，又如何拒絕呢？以下幾點可供你借鑑：

(1) 問清目的

朋友要求你幫助或希望與你合作完成某事時，你必須首先問清楚是什麼事、動機是什麼、目的何在。如果是正當的，在你力所能及的範圍內可盡量提供幫助，以盡朋友之誼；假如朋友的要求你認為超越了正常範圍，就應毫不猶豫地拒絕他。

(2) 態度堅決

無論對方的要求多麼強烈，只要你認為不能接受，便要態度明確、堅決地予以拒絕，不能留有餘地。「實在抱歉，我無能為力」，「對不起，我沒有辦法答應」，也不要替他出主意，否則，你仍然難以脫身，說不定他還會來找你，讓你想辦法。

(3) 接受指責

遭到了你的拒絕，對方的要求不能達到，他必然會對你加以指責。對此，你可以表示接受。這裡需要注意的是，千萬不能中了對方的激將法。比如他說：「我就知道你可能做不到，看來果然如此。」對此，你不妨回以一笑，承認自己能力有限，「做不到」他要求的事。

（4）消除愧疚

拒絕了朋友的要求，朋友可能會愁眉苦臉、唉聲嘆氣。這時候，你沒必要自責，沒必要感到愧疚。既然拒絕，你自然有拒絕的理由。最好的做法是，用你的理由來消除內心的愧疚，達到心理的平衡。

（5）電話拒絕

有時候礙於面子，當面不好意思拒絕朋友。這種情況下，你可以讓朋友先回去，告訴朋友等你考慮好後再給他答覆。然後，打個電話把你的意見告訴他。這樣，雙方不見面可以避免不好啟齒而造成的尷尬。

人微言輕少開口

人無貴賤之分，卻有著地位的高低之分，當你處於比你身分、地位都資深的人群中時，適當地寡言少語會恰到好處。

「人微言輕」的意思是：身分不夠的人，說話沒有分量。

所謂「沒有分量」不是指所說的話沒有見地、沒有價值，而是沒有人重視，甚至沒有講話的機會！

首先要說明所謂「人微」即身分不夠。怎樣才是身分夠，身分不夠？

身分夠不夠沒有標準，它完全是相對的，也就是說，當在同一場合的人中，別人的職位比你高，資歷比你深，專業素養比你深厚時，那麼你就是「人微」了。但若換另一個場合，其他人都不如你，或至少和你差不多，那你的身分就不一樣了！

那麼，為何「人微」就會「言輕」？

其實並不是人微就會言輕，而是因為以下的原因：

1. 人們總是喜歡倚老賣老，認為自己經驗豐富，自己的看法才對。你若經驗淺短，再好的看法也會被反駁。

2. 崇拜或迷信權威。權威不一定正確，但人們卻又需要權威，因為權威可以讓大家有安全感、有所依循，你若權威不夠，當然所說的話就沒有分量了！

3. 面子問題。如果你的身分和他們相差懸殊，他們連讓你在現場都覺得沒面子，你還說話，他們不是更沒面子嗎？所以他們根本不會重視你的話。

4. 自私的需要。在某些場合，有些人就算意見相左，但基本上仍是利益共同體的一員，他們怎麼可能讓你這身分不夠的人一兩句話就影響他們？

5. 刻板的觀念。人們通常認為身分不夠的人所說的話也沒有分量，所以沒人聽。

因為這樣，所以人微言輕，這是自然的人性現象，沒什麼好奇怪的，倒是處在這種人性叢林中，我們有必要了解一些法則：

1. 既然人微言輕，那就少開口。因為你沒有機會開口，就算開了口，也不會有人重視，甚至還有被嫌棄的可能。更好的方法是先以沉默的方式取得別人對你存在的認可，並慢慢地賦予你說話的權利。如果你的話有價值，自然就會產生力量，最忌諱的是不甘寂寞，企圖以言語吸引別人的注意，以確立自己的地位。如果這麼做，將會被逐出那個圈子，如果又言之無物，那麼一次就夠了，你再也沒有翻身的機會。

2. 如果你非說不可，姿態要很低，以免引起反感。如果你的話很有價值，

有可能引起迴響，但更有可能當場就受到駁斥，或在事後受到壓制，哪怕你說的是真理。

不過也有一些人雖然人微，卻不斷出聲，這需要相當的勇氣與毅力，至於他的聲音有沒有人聽到，聽到後受不受重視，那就不一定了！

心事不可隨便說出來

當你在滔滔不絕之中向人說你的心事時，你確定你已經找對人了嗎？

心理學家說，人如果有心事，應該說出來，才不會在心裡鬱積，悶出病來。

這個說法基本上是沒錯的，要說可以，但不能隨便說。

所謂「隨便」是指：

1. 沒區分心事的等級。
2. 沒區分說話的對象。

換句話說，如果你的心事必須一吐為快，一定要想到：這件心事能對他講嗎？

之所以處理心事要這麼慎重，是因為心事的傾吐會洩露一個人的脆弱面。這脆弱面會讓人改變對你的印象，雖然有的人欣賞你富有人性的一面，但有的人卻會因此而下意識地看不起你。最糟糕的是你的脆弱面若被別人掌握住，會形成他日爭鬥時你的致命傷，這一點不一定會發生，但你必須提防。

其次，有些心事帶有危險性與機密性。例如你在工作上承擔的壓力與牢騷，你對某人的不滿與批評，當你快樂地傾吐這些心事時，有可能他日被人

拿來當成修理你的武器。你是怎麼死的，你自己都不知道呢！

　　那麼，對好朋友應該可以說說心事了吧！

　　我的答案還是：不可隨便說出來！你要說的心事還是要有所篩選，因為你目前的好朋友未必也是你未來的好朋友，這一點你必須了解！

　　家人呢？能不能說？

　　我仍然強調：不可隨便說出來！除非你的配偶對你有充分的了解與信賴。但兩個不同個體，智慧與經驗總有缺乏共鳴的地方，你的配偶對你的心事的感受與反應有時並不是你能預期的，譬如說，她（他）有可能對你產生誤解，甚至把你的心事也說給別人聽……

　　然而，緊閉心扉，心事滴水不漏也不是好事，因為這樣你就成為一個城府深、心機重，不可捉摸與親近的人了。如果你本就是這樣的人，那就沒有太大關係，如果不是，給了別人這種印象是不划算的。所以，偶爾也要說說無關緊要的「心事」給你周遭的人聽，以降低他們對你的揣測與戒心。

　　也許你會說，身為人這樣子實在很痛苦，我的回答是：誰說身為人是快樂的？

直言直語，傷人傷己

　　當你逞一時口舌之快，而不論在什麼時候都一吐為快時，想想你鋒利的語言之箭是否傷害到自己或他人。

　　小明是一公司的中階職員，他是公認的好人，可是一直升不了職。和他同年齡、同時進公司的同事，不是外調獨當一面，就是成了他的頂頭上司。另外，別人雖然都稱讚他好，但他的朋友並不多，不但下了班沒有應酬，在

公司裡也常獨來獨往，好像不大受歡迎的樣子⋯⋯

其實小明能力並不差，也有相當好的觀察、分析能力，問題是，他說話太直了，總是直言直語，不加修飾，於是直接、間接地影響了他的人際關係。

其實直言直語是人性中一種很可愛、很值得大家珍惜的特質，因為唯有這種直言直語的人，才能讓是非得以分明，讓正義邪惡得以分明，讓美醜得以分明，讓人的優缺點得以分明。只是在人性叢林裡，直言直語卻是有這種性格的人的致命傷，理由如下：

1. 喜歡直言直語的人說話時常只看到現象或問題，也常只考慮到自己的不吐不快，而不去考慮旁人的立場、觀念，對方明知，卻又不好發作，只好悶在心裡。鞭辟入裡的直言直語因為直指核心，讓當事人不得不啟動自衛系統，若招架不住，恐怕就懷恨在心了。所以，直言直語不論是對人或對事，都會讓人受不了，於是人際關係就出現了阻礙，別人寧可離你遠遠的，免得一不小心就要承受你的直言直語。不能離你遠遠的，那就想辦法把你趕得遠遠的，眼不見為淨。

2. 喜歡直言直語的人一般都具有正義傾向的性格，言語的爆發力及殺傷力也很強，所以有時候這種人也會變成別人利用的對象，鼓吹你去揭發某事的不法，去攻擊某人的不公。不管成效如何，這種人總要成為犧牲品。成效好，鼓吹你的人坐享其成，你分享不到多少；成效不好，你必成為別人的眼中釘，是排名第一的報復對象。

所以，在人性叢林裡，直言直語是一把傷人又傷己的雙面利刃，而不是劈荊斬棘的開山刀，有這種直言直語個性的人應深思，並且建立幾個觀念：

1. 對人方面，少直言指出他人處事的不當，或糾正他人性格上的弱點。這

不是愛之深，責之切，而是和他過不去。而且，你的直言直語也不會產生多少效果，因為每個人都有一個內心堡壘，自我便縮藏在裡面，你的直言直語恰好把他的堡壘攻破，把他從堡壘裡揪出來，他當然不會高興。因此，能不講就不要講，要講就迂迴地講，點到為止地講，他如果不聽，那是他的事。

2. 對事方面，少去批評其中的不當。事情是人計劃的、人施行的，因此批評事也就批評了人。所謂「對事不對人」，這只是障眼法。除非你力量大、地位高，否則直言直語只會替自己帶來麻煩。如果能改變事實，則這麻煩倒還值得，如果不能，還是閉上嘴巴吧！如果非講不可，也只能迂迴地講，點到為止地講，如果沒人要聽，那是他們的事！

見什麼人說什麼話

人與鬼，陰陽相隔，見了人說的必是人話，遇見鬼你也得學會說鬼話。

「見人說人話，見鬼說鬼話」這句話，一般是用來批評別人油滑、投機、不誠懇的，可以說是一句罵人的壞話。

可是要你得重新看待這句話。「見人說人話」，就可以和「人」溝通；「見鬼說鬼話」，就可以和「鬼」溝通；見人說鬼話，見鬼說人話，那麼就不通了。

所以，「見人說人話，見鬼說鬼話」是溝通的祕訣，也是和人相處、交朋友、給人好印象、了解對方的祕訣。這是一種技巧、一種藝術，哪是油滑、投機、不誠懇呢？

這句話也就是說，和對方交談時，應盡量使用對方能夠認同的語言，並說出對方熟悉、關心的話題。

比如說，和廣東人說話，最好用粵語；和客家人說話，最好用客家話……說得不標準沒關係，只要你說了，便能獲得他們對你的認同。在話題方面，比如你和有小孩的女性說話，可說說孩子教育和柴米油鹽醬醋茶；和貿易公司職員說話，可說說景氣問題……說得不深入沒關係，只要你開口了，他們便會不由自主地告訴你很多關於他們自己和工作上的事情。如果你還善於引導，他恐怕連心事都要掏出來了。

「見人說人話，見鬼說鬼話」在人際關係上是很有用的一招，它的厲害在於抓住了人們常以自我為中心的弱點，在言語上讓對方的自我獲得滿足，對方的防衛意識便會鬆弛下來，並且把你對他的客套、親切當成你對他的關心，進而對你產生好感。結果是，你了解他已有三四分，他對你卻還一無所知呢！

「見人說人話，見鬼說鬼話」雖不一定會和對方建立親密的關係，但絕對是接近對方，和對方建立初步關係的好方法，如果你能這麼做，那麼保證你受益無窮。

不過，人話、鬼話是需要學習訓練的，也就是說，你要：

1. 訓練自己和人交往時，多談「您」，而少談「我」。如果你喜歡談「我」，那麼你就很容易把別人對你的客套當成關心。
2. 多了解各種行業的特色和動態，學習不同族群的語言。了解多了，自然能夠「見人說人話，見鬼說鬼話」，什麼人都可以交往了。

所以說，「人話鬼話都能說，條條大路通羅馬」。

第 2 章　乖言巧語籠絡人心—能說會道事事通

第 3 章　能屈能伸大事成 ——

該出手時就出手，該低頭時要低頭

裝聾作啞，不戰而勝

和平的世界裡沒有戰爭。當槍林彈雨的言語向你射來時，聽而不言會使你成為口舌之戰中的勝者。

以下是一則真實的故事。

某部門有一個女孩子，平日只是默默工作，並不多話，和人聊天，總是微微笑著。有一年，部門裡來了一個愛挑事的女孩子，很多同事在她主動發起的攻擊之下，不是辭職就是請調。最後，矛頭終於指向了這個女孩子。

某日，這位好鬥的女孩子抓到了那位一向沉默的女孩子的把柄，立刻點燃火藥，劈哩啪啦一陣，誰知那位女孩只是默默笑著，一句話也沒說，只偶爾問一句：「啊？」最後，好鬥的那個主動鳴金收兵，但也已氣得滿臉通紅，一句話也說不出來。過了半年，這位好鬥的女孩子也自請調職。

你一定會說，那個沉默的女孩子修養實在太好了，其實不是這樣，而是那位女孩子聽力不大好，雖然理解別人的話不至於有困難，但總是要慢半拍，而當她仔細聆聽你的話語並思索你話語的意思時，臉上會出現無辜、茫然的表情。你對她發作那麼久，那麼賣力，她回應你的卻是這種表情和「啊？」的不解聲，難怪要鬥不下去，只好鳴金收兵了。

這個故事說明了一個事實：沉默的吸納力量是何其的大，面對沉默，所有的語言力量都消失了！

有人常說，只要有人的地方，就會有爭鬥。這不是新鮮事，人性叢林本就是弱肉強食，和平相處才是怪事呢，因此你要有面對不懷善意的攻擊的心理準備。你可以不去攻擊對方，但保護自己的防護網一定要有。給你的建議是：不如裝聾作啞！

　　聾啞之人是不會和人起鬥爭的，因為他聽不到、說不出，別人也不會找這種人挑事，因為最後也是白忙一場。不過大部分人都不聾又不啞，一聽到不順耳的話就會回嘴，其實一回嘴就中了對方的計，不回嘴，他自然就覺得無趣了。他如果還一再挑釁，只會凸顯他的好鬥與無理取鬧罷了，因此面對你的沉默，這種人多半會在幾句話之後就倉皇地且罵且退，離開現場。如果你還裝出一副聽不懂的樣子，並且發出「啊？」的聲音，那麼更能讓對方敗走。

　　不過，要作啞不難，要裝聾才是不易，因此也要培養對他人的言語入耳而不入心的功夫，否則心中一起波瀾，想要阻止自己回他一兩句是很難的。

　　學習裝聾作啞，除了可以不戰而勝之外，也可避免自己成為別人的目標，而習慣裝聾作啞，也可避免自己去找人麻煩，好處真是不少呢！

妥協不是投降，也不是屈服

　　今天的妥協不代表明天的失敗，而是希望的起點，為了最後的光明，暫時的妥協又算什麼？

　　人性叢林裡的爭鬥有很多種解決方式，妥協是其中的一種。

　　妥協是雙方或多方在某種條件下達成的共識，在解決問題上，它不是最好的方法，但在沒有更好的方法出現之前，它卻是最好的方法，因為它有不少的好處：

1. 可以避免時間、精力等資源的繼續投入。在勝利不可得，而資源消耗殆盡日漸成為可能時，妥協可以立即停止消耗，使自己有喘息、調整的機會。也許你會認為，強者不需要妥協，因為他資源豐富，不怕消耗。理

論上是這樣子，但問題是，當弱者以飛蛾撲火之勢咬住你時，強者縱然得勝，也是損失不小的慘勝，所以，強者在某些狀況下也需要妥協。

2. 可以借助妥協的和平時期，來扭轉對你不利的劣勢。對方提出妥協，表示他有力不從心之處，他也需要喘息，說不定他是要放棄這場「戰爭」。如果是你提出，而他也願意接受，並且同意你所提的條件，表示他也無心或無力繼續這場「戰爭」，否則他是不可能放棄勝利的果實的。因此妥協可創造和平的時間和空間，而你便可以利用這段時間來引導「敵我」局勢的轉變。

3. 可以維持自己最基本的存在。妥協常有附帶條件，如果你是弱者，並且主動提出妥協，那麼雖然可能要付出相當高的代價，但卻換得了存在。存在是一切的根本，因為沒有存在，就沒有明天，沒有未來。也許這種附帶條件的妥協對你不公平，讓你感到屈辱，但用屈辱換得存在，換得希望，相信也是值得的。

妥協有時候會被認為是屈服、軟弱的投降動作，但若從上面所提幾點來看，妥協其實是非常務實、通權達變的叢林智慧。凡是人性叢林裡的智者，都懂得在恰當時機接受別人的妥協，或向別人提出妥協，畢竟人要生存，靠的是理性，而不是意氣。

不過，妥協要看狀況：

1. 要看你的大目標何在。也就是說，你不必把資源浪費在無益的爭鬥上，能妥協就妥協，不能妥協，放棄戰鬥也不是不行。但若你爭的本就是重要目標，那麼絕不可輕易妥協。

2. 要看妥協的條件。若要面子就要求面子，但不必把對方弄得無路可退。這不是為了道德正義，而是為了避免逼虎傷人，是有利害考量的，更何

況，除非你把對方殺了，否則他的力量是永遠存在的。如果你是提出妥協的弱勢者，且有不惜玉石俱焚的決心，相信對方會接受你的條件。

總之，妥協可改變現況，轉危為安，是戰術，也是戰略，搞政治的人最會玩這一套，不是有人說「政治就是妥協的藝術」嗎？

為人處世，該硬就硬，該軟就軟

為人處事中，軟硬兼施，亦是智者的舉措。

做人做事，要學會軟硬兼施，這才是有「心眼」的人的處世哲學。軟與硬，作為一種策略，或者作為一種交際手段，無論何種結合都不可偏頗。

人生在世，待人接物，應當和顏悅色，與人為善，因為大多數情況下，大家還是和和氣氣地相處。當然，工作生活中少不了各種各樣的矛盾，但矛盾只要不是很尖銳，更多的還是相安無事。

所謂「凡事好商量」、「有話好好說」，都是人們待人接物中常用的溫和態度和退讓方法。但是並不是所有的時候溫和的手段都靈驗，社會上有的人就是欺軟怕硬，得寸進尺，把妥協退讓當成軟弱可欺。你越是好言相勸，苦口婆心地講道理，他越是不依不饒。在這樣的情況下，就必須採取強硬的態度和手段了。

《水滸傳》中大相國寺菜地中的一群潑皮無賴就屬於這樣一種人。他們整天偷雞摸狗，不務正業，以到大相國寺的菜地中偷菜為生，還欺負寺中的和尚。魯智深知道後，原本還想好好對他們講講為人處世的道理，可是他們欺負魯智深是新來的，又不了解他的底細，想一來就給他一個下馬威。結果一群人被魯智深打入了糞坑，吃了大虧，最後終於服了軟。如果魯智深還是像

以前那些管理菜園的和尚一樣，沒有用一些拳腳手段，把這幫人打得心服口服，最後那就只能自己吃虧。

在人的交往活動中，軟與硬是相輔相成、密切相扣的。如果有所偏倚，自己便要吃虧。為人不能太軟，那樣會給人廢物的感覺，都覺得你好欺負，於是就自然而然地會經常受到別人舉止、言語、態度的戲弄與傷害。由於人性中有著天然的缺陷，人們總多少有點欺善怕惡的毛病。因此，人可以溫和，但不可以軟弱。

然而我們也不能走到事物的反面，不可以總是態度強硬，好勇鬥狠。一個人太強硬，必然使人覺得他頭角崢嶸，渾身是刺。這種強硬積累到一定程度，會導致難以預料的後果，以至於弄得千夫所指，觸犯眾怒，到時候誰也救不了你。

在平時，人們更多的還是要軟硬兼施，因為生活是複雜的，人們的心情是多變的，在不同的事情上，人們會採用不同的態度和策略。所以，我們還是要表現得靈活一點，針對不同的情況，隨機應變，採用多樣的方法。涉世不深、初入社會的人，或者過分軟弱、過分善良，或者是態度固執、目空一切，因此更有必要了解軟硬兼施的效用，有點軟硬兩手交替使用的謀略與機變。

甚至在愛情上，對自己鍾愛的人，也要表現得靈活、果斷、態度鮮明，而在男女雙方，男子更需具備這種心理的自覺。夫妻之間，鬧矛盾了，翻臉了，總要有一方主動道歉，撫慰對方，這是軟的。但如果是重大原則問題或感情危機，則必須堅持原則，據理力爭，捨得批評自己從心底愛著的人，並且不可讓步，這是硬的一手。嚴格地說，只有經歷風雨考驗的愛情才是真實的。

　　在事業上，軟硬兼施更是必不可少的手段。《三國演義》中諸葛亮借荊州就充分運用了軟硬兼施的手段，而且運用得非常高明。諸葛亮是運用武力占據了荊州，但是他非要和東吳說是暫借荊州不可，這就是軟的一手，用這一招給了東吳一個幻想，讓他們以為還能夠通過和平手段取得荊州，所以難以下決心和劉備、諸葛亮動武。但是當東吳催討荊州的時候，諸葛亮又採用軟硬兼施的手段，一方面賴著不還，另一方面又威脅動武，把東吳弄得打不是，不打也不是。運用這一手，諸葛亮達到了長期霸占荊州的戰略目的。

　　所以，軟與硬，作為一種策略，或者作為一種交際手段，無論何種場合，不可偏頗。從理論上講，軟，體現友善、涵養、通情達理；硬，則顯示尊嚴、原則和力量，還要根據形勢變化，靈活運用。只要運用得當，還是有助於我們構建和諧、美好的工作和生活氛圍的。

低頭不是下跪

　　一個有肚量的人，不會介意在他人面前適時適當地低頭。

　　人際交往中有一種僵持現象：彼此雖同處一個交際圈，但卻為微妙心理所控制，雙方關係長期處於對峙、僵持的黑色狀態，誰也不肯或不願主動改變這種現狀。即使有著交際需要或願望，也還是硬著脾氣，支撐到底。它沒有對立、對抗那麼嚴重和公開，但卻是交際中的一種消極現象，是必須克服的。

　　此種現象的四個類型：

第3章　能屈能伸大事成─該出手時就出手，該低頭時要低頭

（1）唯我獨尊型

有的人往往把自己看作世界的中心，總覺得世界是圍繞自己轉的，社會是以自己為主軸而形成的，往往形成一種唯我獨尊、老子天下第一的交際態度和交際方式。這種人態度生硬，以我為軸，希望對方就範，依從於己，不輕易放低姿態，做出友好的表示，遂出現雙方互不交往、冷漠相向的僵持局面。

（2）看重差別型

人們相互間有著級別、地位、貧富、知識、能力等形形色色的差別。處於優勢地位的一方，會自我感覺良好，習慣於俯視看人；處於低劣地位的一方，會徒生一種傲然之氣，絕不屈從於人。即使雙方並不存在這種微妙心態，也有著各自相應的社交對象和範圍，在處理與另一方關係時自覺不自覺地保持一種距離。這使得雙方關係無法溝通和發展。

（3）使性格硬脾氣型

眾多情況下，社交局面本是不會出現僵持現象的。當人際關係將要深化、發展時，甲方的行為舉動卻引起乙方的消極反應，由此而開始耍硬脾氣，關閉心扉，態度轉變，本來可以順利發展的關係冷卻下來。這些反應多是心理脆弱所致，因為刺激原本不過是雞毛蒜皮的小事，甚或錯覺而已，但卻斤斤計較，不肯放過。若對方也昂然以對，雙方便在這無聊的沒有多少道理的你來我往中把關係弄得僵持起來。

（4）相斥相克型

大自然中有些關係是相吸引的，有些關係是相排斥的。人際關係也是如此，有些人在一起投機融洽，有些則像天生敵人、前世冤家，互相嘔氣，看不順眼，彼此的關係無論如何也無法更進一步，水火不容。之所以如此，細究起來當然是有原因的，這包括興趣不同、背景不同，以及潛在的競爭威脅等。一旦出現排斥心理，雙方關係便僵持起來，弄得不好，還會惡化為對抗關係。

如何打破交際的僵持局面呢？

（1）主動交往不較勁

考察交際僵持現象，會注意到這麼個事實，這種現象通常在兩類人身上發生：一類是清高自大的人，一類是內向孤傲的人。

他們的顯著特點是自以為是、自尊心強、自我封閉。要打破交際僵持局面，首先就要克服自我意識，開放思想，淡化「我」字，主動交往。有位德高望重、地位尊貴的公司董事長。照理說在他周圍最易出現交際僵持現象，實情卻並不如此。仔細觀察，主要是因為這位董事長平易近人、和藹可親。一次一位年輕人偶爾與這位董事長相聚，年輕人不願對董事長做出熱情的交流，一副窘迫而又人莫能近的樣子。正在較勁的當下，這位董事長很隨和地手搭著他的肩膀，坐到他的身邊，與他攀談起來。年輕人頓時放鬆，以後見到這位董事長便感到十分親切。

(2) 及早打破僵局

交際僵持現象頗有點小家子氣，誰也不願正視，更不願承認自己陷入其中，但它卻實實在在地存在著。如果我們能透視其實質，一方面會為自己愚蠢荒唐的舉動啞然失笑，另一方面會採取主動積極的方式，自覺與對方交際，並且視為自然，奉為圭臬。這樣僵持的局面便冰消雪融。

(3) 示好要巧妙

交際僵持局面是要打破的，但其本身有時十分微妙，其中還可能有一些不好明說的關係。此時的方式和技巧尤為重要，方式適宜、技巧圓潤，就可以圓滿達到目的。否則可能顯得唐突，或者適得其反。比如兩名知識分子，對自己的成果都陶醉不已，對於對方的成績卻不重視。如果雙方都有打破這種局面的願望，一不能急於求成，二不能挑得太明，要在不動聲色、逐步試探中改善關係，這才是切合實際的。

人生苦短，何必過於嘔氣較勁，弄得自己心情不好，還為自己樹立敵人。又沒什麼深仇大恨的原則問題，低下頭反而是高姿態，會被人稱道有容人雅量，何樂而不為呢？

該分肉時就別吃獨食

在各種競爭中，與人兩手相牽比你孤立獨行要好，在艱難之中，也能夠共同進步，攜手挺進，這樣多好啊！既顯你大度風範，也謀取了理應得到的利益。

你要牢記你的目的：當自己做活一片棋時，對方也有眼，是為雙贏。這

無傷大雅，只要兩個人蛋糕差不多大就可以。

有一個流傳很久的故事：父親給了兄妹兩人一塊餡餅，要他們分著吃。兩人都堅持要一塊大的，兩人都害怕被對方欺騙了，要如何才能做到讓雙方都滿意呢？父親說：「這樣吧，不管誰來切，但切的人必須讓別人先挑。」這樣，小男孩為了不至於吃虧，把餡餅分成了同樣大小的兩塊，而小女孩先挑，自然也無怨言。

生活中，在許多情況下，爭吵雙方的利益不一定都是對立的，如果把爭鬥焦點由各方都要擊敗對方轉向雙方共同解決存在的問題，那麼雙方都能獲得好處，即「雙贏」。

在雙方都獲勝的合作性談判中，雙方都在努力得到一個都願接受的處理結果。如果把雙方的衝突看作是能夠解決的，那麼就能找到一個創造性的解決辦法，從而加強了雙方的地位，甚至增進雙方的關係。而怎樣才能做到這一點呢？

（1）給人面子，放下架子

講述自己的情況時要盡量和緩。「人非聖賢，孰能無過」，搔搔腦袋，承認自己可能有講錯的地方，有時會收到意想不到的效果。尤其重要的是要維護對方的尊嚴，給他們面子。這樣，即使對方是有名的固執、消極和彆扭的人，只要你以建設性的期望態度去接近他們，也會使他們解除敵視。如果給人家機會的話，多數人也都會盡量通融，並去做你建議他們做的事。

有一天，我和同學一起上街，他說去買份體育報紙，過了一會兒，他空手回來了，一邊走一邊嘟嚷著髒話，我問他怎麼回事，他說：「我去報攤，

拿了一份報紙，遞給那傢伙一張百鈔，誰知道他沒接錢，反而抽回了那張報紙，我正納悶，他開始教訓我了：『沒見我忙著哪，沒零錢找！』」看著同學憤憤的樣子，我想：「事情是不是只能有這麼一個結果呢？」

我向報攤走過去，當攤主轉向我時，我微笑著說：「對不起，麻煩您了，我是個球迷，想買份體育報紙，但我只有一張百元鈔票，怎麼辦呢？」他二話沒說遞給我一份報紙：「拿去吧，回頭有零錢再給吧。」

瞧，我拿著勝利品凱旋而歸，同時，攤主也在微笑。

（2）該妥協就妥協

其實，人與人之間只要建立起公平、互相信任的關係，並且互相交換實情、態度、感情和需要，有了這種自由的相互影響和共同分擔之後，就可以找到創造性的解決辦法，從而使雙方都成為勝利者。

電影製作人休斯和女明星珍妮簽訂了一個一年一百萬美元的雇傭合約。十二個月後，她合理合法地說：「我想要我合約上規定的錢。」

休斯聲明他現在沒有現金，但有許多不動產。女明星的立場是她不聽辯解只要她的錢。休斯繼續指明他現在現金周轉不靈，要她等一等。而她一直指出合約的合法性⋯⋯

雙方爭論不休，人們都說這樁事得到法庭上一辯是非了。

可是最後，事情怎麼樣了呢？

珍妮坐下來仔細考慮了後對休斯說：「我們是不同的人，有不同的奮鬥目標，讓我們看看我們能不能在互相信任的氣氛下一起分享資訊、感覺和需要呢？」他們正是這樣做了，於是，結果使他們之間的糾紛得到創造性的

解決，滿足了雙方的需要。最後把合約改為每年付五萬，分二十年付清，合約金額不變，但時間變了。結果，休斯解決了資金周轉困難，並獲得本金的利息，另一方面，珍妮的所得稅逐年分期交納，並有所降低。有了二十年的資金收入，她就不必為每日的財務問題操心了。珍妮和休斯得到了雙贏的局面。

希望諸位能多多揣摩雙贏的道理及相應技巧，做到既達到自己的目的，又讓對方能夠接受。當今世界，有錢大家賺，只要能最大限度保證自己利益就行了，何苦要把別人往絕路上逼呢？

君子報仇十年不晚

「人不犯我，我不犯人；人若犯我，我必犯人。」誰都不願被人欺負，有仇必報，是人之常情，但你還是先等一下，再實施你的復仇計畫為好。

哪怕像烏龜一樣活下去，也不應有任何輕生之念。人們常說，三十年河東，三十年河西，而更精確的說法是人的境況每七年便有新的改善。如果你覺得實在無法等下去了，那也應該先等七年再說。人生之中，什麼樣的奇蹟都會發生。君子報仇，十年不晚，何況七年！

從雜誌上讀到過這樣一段描寫：有位小女孩某天參觀果園，看中一個大西瓜，想買下來，園主告訴她：「那個大西瓜要九十元！」

小女孩答道：「可是，我只有三十塊錢。」園主指著一個很小的西瓜說：「那個怎麼樣？」「我就拿那一個吧。」女孩點了點頭，「不過，就讓它留在那裡吧，我一個月後回來拿。」想像中園主肯定是目瞪口呆了，看故事的我又何嘗不是？小女孩好聰明，竟懂得時間可以使事物轉換成長，而成長，除了

第3章　能屈能伸大事成—該出手時就出手，該低頭時要低頭

讓小西瓜變成大西瓜外，還會讓小女孩變成大女孩，讓每一個沐浴在時光中的人都變得更聰明，更有智慧，更懂得用理性的目光去判斷那些錯亂紛雜的是是非非。

在人生的第一個七年後，我們開始到了有理想的年齡，此後的每一個七年都有新的改善。許多人改變了他們的行為、地位和職業，品味也隨之提升，初不自知，真到發現變化是如此之大時才如夢初醒。有智者說：二十歲時你如同孔雀，三十歲時你好似獅子，四十歲時你有如駱駝，五十歲時你好比蛇精，六十歲時你像一隻狗，七十歲時你像猴子，到了八十歲時，就什麼都不是了。其實，從智者角度講，你首先得像一個烏龜那樣發揮才行，以無比的忍耐力度過人生難關而得以存活下去，你才有了進步到更高境界的可能性。

命運的客觀性決定命運在特定時空是難以改變的。當一個人身遭厄運，特別是在客觀勢力強大，個人能力顯得極為渺小的時候，對命運抗爭的最佳選擇就是從容等待。這種從容等待表面看是懦弱的，但卻是把硬碰硬的正面衝突轉換成了以柔克剛、以韌對強的策略。這樣就可以不顯山不露水，保存實力，以求東山再起，一旦時機成熟，便如餓虎撲食，打碎厄運，擺脫困境。即使陷入無妄之災，也要不失矢志，相信命運之神不會總是一副悲劇面孔，物極必反，千年沉冤可以昭雪，十年厄運不算無望，在厄運之中完全可以採取迂迴曲折別求生路的策略。

無論你是丟了工作，還是遭人欺侮，你應該謹記：你在七年後說不定是一個收入天文數字的大企業家，或者欺侮你的人今天是你的頂頭上司，而要不了七年，就有可能是你的階下囚。一切尚未結束，用最大的耐心好好活著。

無度不丈夫，量小非君子

胃口大方能吃得多，可是要吃到最美、最好的食物，首先，捨棄眼前這些微不足道的雞腸、鴨頸吧！

無度不丈夫，量小非君子。頭上跑不了馬無法做將軍，肚子裡撐不開船成不了宰相。一個量小的人的胃口裡，壓根就沒有能夠擺放榮華富貴的空間。容人容事方成正果。

人們在日常生活中，常常用「海納百川」去形容那些肚量大，能包容種種不同意見、不同看法，能與各種不同性格的人相處，而且也能夠經受挫折與打擊的人，並且，人們總是瞧不起那些小肚雞腸、心胸狹隘的小人。

當我們恨我們的仇人時，就等於給了他們制勝的力量。那力量能夠妨礙我們的睡眠、我們的胃口、我們的血壓、我們的健康和我們的快樂。要是我們的仇人知道他們如何令我們擔心，令我們苦惱，令我們一心報復的話，他們一定會高興得跳起舞來。我們心中的恨意完全不能傷害到他們，卻使我們的生活變得像地獄一般。

「要是自私的人想占你的便宜，就不要去理會他們，更不要想去報復。當你想跟他扯平的時候，你傷害自己的，比傷到他的更多……」這段話聽起來好像是個理想主義者說的，其實不然，報復怎麼會傷害你呢？傷害的地方當然多了，根據某雜誌的報導，報復甚至會損害你的健康。「高血壓患者最主要的特徵就是容易憤慨。」雜誌上說，「憤怒不止的話，長期性的高血壓和心臟病就會隨之而來。」

十二年前的一個晚上，萊恩進入一家酒吧。這家酒吧規定，顧客入場前應領取一張入場券，如被遺失，須付五美元。萊恩說未見到該項通告，他進

酒吧後並沒有吃什麼東西，只不過與朋友稍微聊了天。當萊恩離開時，酒吧服務員要他出示入場券，他拿不出來，服務員要他付出五美元，他拒絕，雙方為此發生爭吵，後來又鬧到法院。由於雙方都不讓步，因而展開了一場曠日持久的法律戰，歷時十二年，應付訴訟費和其他費用累計已達十六萬五千美元。無寬容之心不但很難成大器，鬧出上面的笑話來也是令人生氣又可笑的事。你可以斷定，萊恩不會有一個好胃口，如果他不是要沒事找事或實驗法律大戰的話。

莎士比亞是一個善於寬待人的人，他說：「不要因為你的敵人而燃起一把怒火，熾熱得燒傷你自己。」

縱覽古今，天降大任須有大氣度受之。如果你有最好的運氣，就不要只滿足於享受一般的好運氣。有些東西有人吃了飽，另外的人吃了卻感到饑餓。有人因為沒有胃口而浪費精美的食物，對於高位顯爵，他們生來就不適應，即使後來學也學不會去適應。他們在高位上頭昏目眩，有了好運卻往往心亂神迷，因為他們的胃裡沒有為好運留下地方。

柿子發軟先被人吃

軟弱必然受人欺負，如果你不願忍氣吞聲地活在別人的世界裡，那先讓別人知道你也不是好欺負的。

勇氣和愛情之類的東西一樣，只要屈服過一次，就會一而再、再而三地屈服下去，抓住時機在人前展現勇氣，是不可忽略的處世之智。不要成為受氣包，一旦生氣就應果斷地行動。

吃柿子挑軟的捏，人們發火撒氣也往往找那些軟弱善良者，因為大家都

清楚，這樣做並不會招致什麼值得憂慮的後果。在我們身邊的環境裡到處都有這樣的受氣者，他們看起來軟弱可欺，最終也必然為人所欺。一個人表面上的軟弱事實上助長和縱容了別人冒犯你的欲望。

我們要知道保持勇氣的重要，不要過分抬高他人以至於對他心懷敬畏。沒有誰能超越人性的局限。殺人犯也怕被殺，權威只是一種地位帶來的表面力量而已。

我們主張，人是應該有鋒芒的，雖然不必像刺蝟那樣全副武裝，渾身帶刺，至少也要讓那些兇猛的動物們感到無從下口，得不償失。

如果你是一個從不發火的君子，那請務必勇敢地進行一次真正的反抗，改變受氣包的形象。許多人選擇了忍氣吞聲的生存方式，往往是由於他們患得患失，怕這怕那，自己在主觀上嚇倒了。

而無數的事實證明，挺身而出，捍衛自己的正當權益其實是再自然不過的事了，跨過這道門檻，你會發現，沒有什麼大不了的。卸掉了精神包袱，你反而會活得更加自在。

不敢進行第一次反抗，就不會有第二次反抗的發生，因為你永遠不知道新世界的滋味有多麼美好。而有了第一次的反抗，嘗到了其中的美妙，你自然就有動力去進行更多次的反抗，久而久之，你就會修正你的心理模式和社會交往方式，由一個甘心受氣、只能受氣的人，變成一個不願受氣的人。

有這樣一則故事，對我們就很有啟發。說的是某大學一個班級裡，有一位學生比較膽小怕事，遇事過分忍讓，因此，雖然班裡的絕大多數同學對他並無惡意，但在不知不覺中總是把他當作是一個理所當然地應該犧牲個人利益的人，看電影時他的票被別人拿走，春遊時他被分配給看管隨身行李的任

務⋯⋯但在實際上，他也非常渴望與別人一樣，得到屬於自己的那份利益與歡樂。由於他的軟弱和極度忍耐，這種事情一直持續了很久。但終於有一天，他忍無可忍了，一向木訥的他來了個總爆發，原來一場十分精彩的演出又沒有他的票。他臉色鐵青，雷霆萬鈞，激動的聲音使所有人都驚呆了。雖然那場演出的票很少，但是這位同學還是在眾目睽睽之下拿走了兩張票，摔門而去。大家在驚訝之餘似乎也領悟到了什麼。但不管怎麼說，在後來的日子裡，大家對他的態度似乎好多了，再沒有人敢未經他的同意便輕易地拿走他的什麼東西了。

那些從來不生氣、沒有任何感情的人不是真正的人。他們那樣怯懦並不總是由於麻木，而通常是真的膽小。在關鍵時刻表達自己的強烈感受，並付諸行動，會使你成為一個真正的人。小鳥還會捉弄稻草人呢！

送人一尺，換回一丈

待人處事中，你千萬不可以得寸進尺，那些狂傲的話、輕狂的舉動只會將你推向萬丈深淵。

人生在世，不可做狂人，不可出狂言，不可發狂舉。謙虛、謹慎才能有好人緣，有了好人緣，才有可能發展事業。

許攸原本是袁紹的謀士，後投曹操。許攸在袁曹大戰中，屢屢為曹操獻出妙計，功不可沒。許攸奪取功勞，貪大功為己有，認為攻克冀州是他一人之功。一天，許褚走馬入東門，正遇見許攸。許攸叫住許褚，洋洋得意地說：你們等人若無我出計，能夠出入此門嗎？

許褚是一個粗暴的人，大怒日：我們諸將士千生萬死，死命奪下城池，

你怎麼敢誇口！許攸仍不自檢，罵許褚曰：「你們這些匹夫，有何本事，不足為道！」許褚大怒，拔劍殺了許攸。

在社交中，許多指責是固執、自私、自以為是、心胸狹窄、不負責任的表現，甚至是專橫和缺乏修養的表現。指責必然導致彼此的不滿，相互責難，關係緊張，以致引火焚身害人害己。假如我們面對一言半語或雞毛蒜皮的小事，相互寬容、諒解，讓它不了了之，那將避免多少爭執、衝突和不愉快啊！

與指責相比，自責則顯得品高一級，技高一籌。據說，有一家在燒飯時燒糊了鍋，按說這是極易生氣上火的事。然而聰明的大嫂先自責道：「全怪我，光顧蒸飯，沒看水多少。」二嫂也搶著說：「怪我，把火燒得太大了。」二哥忙笑道：「不，怪我拿來的柴太多了。」小妹不好意思地說：「是我添水添少了。」大哥卻安慰說：「嗯！怨我沒挑水。」……

不用說，他們這麼一番自責，顧全了別人的體面，體諒了他人的心情，保護了對方的自尊，「你敬我一尺，我還你一丈」，自然斬斷了引發家庭矛盾的導火線。

如果說巧施「稱小」策略，在平時比較容易實施和奏效的話，那麼在危機的時候，由於缺少思考的時間，運用這種策略就不僅需要精到的智謀、過人的膽量，而且還需要有良好的心理素養。

所以，對傲慢自大的人，「稱小」術最見成效。因為他為了滿足虛榮心會絞盡腦汁，你讓他如此容易滿足，對他而言無異於發了一筆橫財。他會特別飄飄然，忘乎所以，找不到方向。這時你要收拾他，簡直易如反掌。

第3章　能屈能伸大事成─該出手時就出手，該低頭時要低頭

第 4 章　莫為面子誤大事 ——

自己的面子別人給，別人的面子你來撐

第4章　莫為面子誤大事—自己的面子別人給，別人的面子你來撐

給人面子，你也會有面子

「人要臉，樹要皮」，面子，誰不想要？讓你有面子的最有效方法：你可以先給別人一點面子。

有位文化界朋友，每年都會受邀參加某單位的雜誌評鑑工作。這工作雖然報酬不多，但卻是一項榮譽，很多人想參加卻找不到門路，也有人只參加一二次，就再也沒有機會了。問他為何年年有此「殊榮」，他在年屆退休，不再參加此項工作後才公開祕訣。

他說，他的專業眼光並不是關鍵，他的職位也不是重點，他之所以能年年被邀請，是因為他很會給面子。

他說，他在公開的評審會議上一定把握一個原則：多稱讚、鼓勵而少批評。但會議結束之後，他會找來雜誌的編輯人員，私底下告訴他們編輯上的缺點。

因此雖然雜誌有先後名次，但每個人都保住了面子。而也就因為他顧慮到別人的面子，因此無論是承辦該項業務的人員還是各雜誌的編輯人員，大家都很尊敬他、喜歡他，當然也就每年找他當評審了！

在傳統社會裡，面子是一件很重要的事，為了面子，小則翻臉，大則會鬧出人命！

如果你是個對面子無所謂的人，那麼你必定是個不受歡迎的人；如果你是個只顧自己面子，卻不顧別人面子的人，那麼你必定是個有天會吃暗虧的人。

年輕人常犯的毛病是，自以為有見解，自以為有口才，逮到機會就大發宏論，把別人批評得臉一陣紅一陣白，他自己則大呼痛快。其實這種舉動正

是在為自己的禍端鋪路，總有一天會吃到苦頭。

事實上，給人面子並不難，也無關乎道德，大家都是在人性叢林裡過生活，給人面子基本上就是一種互助。

尤其是一些無關緊要的事，你更要會給人面子。至於重大的事，就可以考慮不給了，你不給，對方也不敢對你有意見。他若強要面子，就有可能在最後失去面子。

好漢要吃眼前虧

吃虧不要緊，吃點眼前的虧更是為日後不吃虧而做準備。

老祖先說：「好漢不吃眼前虧。」現在的處世專家則說：「好漢要吃眼前虧！」

假設這樣一個狀況：你開車和別車擦撞，對方的車只是小傷，甚至可以說根本不算傷，你不想吃虧，準備和對方理論一番，可是對方車上下來四個彪形大漢，個個橫眉豎目，圍住你索賠，眼看四周偏僻，不可能有人對你伸出援手。請問，你要不要吃賠錢了事這個虧呢？

你當然可以不吃，如果你能說退他們，或是能打退他們，而且自己不受傷。

如果你不能說又不能打，那麼看來也只有賠錢了事了。你說他們蠻橫無理，欺人太甚，可是，在人性叢林裡，多得是不說「理」這個字的。適者生存，哪有什麼理可說啊！

因此，以這假設的故事為例，賠錢就是眼前虧，你若不吃，換來的可能是一頓拳毆或是車子被破壞。報警？人都快被打死了，還報警？報警也不一

定有用啊！

所以說：「好漢要吃眼前虧。」因為眼前虧不吃，可能要吃更大的虧！

好漢要吃眼前虧的目的是以吃眼前虧來換取其他的利益，是為了存在和更高遠的目標，如果因為不吃眼前虧而蒙受龐大的損失或災難，甚至把命都弄丟了，哪能說未來和理想？

可是有不少人碰到眼前虧，會為了所謂的面子和尊嚴，甚至為了所謂的正義與真理，而與對方搏鬥。有些人因此而一敗塗地不能再起，有些人則最終險勝，但是元氣大傷！

所以，當你在人性的叢林中碰到對你不利的環境時，千萬別逞血氣之勇，也千萬別認為士可殺不可辱，寧可吃吃眼前虧。

吃得眼前虧，可保百年身呀！

抑制好勝心，給別人自尊

求勝之心人皆有之，可是，有時你得收斂一點你的好勝心，因為你要留給別人一點尊嚴。

有一天，孔子的學生子貢問老師：「有沒有一個字可以作為終生奉行的法則呢？」孔子回答：「其恕乎！己所不欲，勿施於人。」這裡的恕，是凡事替別人著想的意思。其意是，自己不喜歡做的事，不要加在別人身上。這句話可視為「面子學」的基本修養。

戰國時，梁國與楚國相鄰，兩國在邊境上各設界亭，亭卒們也都在各自的地界裡種了西瓜。梁亭的亭卒勤勞，瓜苗長得很好，而楚亭的亭卒懶惰，瓜苗又瘦又弱，與對面瓜田的健康茁壯簡直不能相比。楚亭的人覺得失了面

子，有一天夜裡偷跑過去把梁亭的瓜苗全扯斷了。梁亭的人第二天發現後，氣憤難平，報告給這個縣的縣令宋就說：「我們也過去把他們的瓜苗扯斷好了！」宋就說：「他們這樣做當然是很卑鄙的。可是，我們明明不願他們扯斷我們的瓜苗，那麼為什麼再反過去扯斷人家的瓜秧？別人不對，我們再跟著學，那就太狹隘了。你們聽我的話，從今天起，每天晚上去幫他們的瓜苗澆水，讓他們的瓜苗長得好。而且，你們這樣做，千萬不可讓他們知道。」梁亭的人聽了宋就的話後覺得有道理，於是就照辦了。楚亭的人發現自己的瓜苗生長得一天比一天好，而且是梁亭的人在黑夜裡悄悄為他們澆的，便將此事報告楚國邊縣的縣令。縣令聽後感到十分慚愧又十分敬佩，於是把這件事報告了楚王。楚王聽說後，也深感梁國人修睦邊鄰的誠心，特備重禮送梁王，既以示自責，亦以示酬謝，結果這一對敵國成了友好的鄰邦。

　　小至日常生活的處理，又何嘗不是這樣？因為在各人的眼中，每個人的位置是各不相同的，並沒有統一的標準可以提供給你。那不妨就按照「己所不欲，勿施於人」的原則，反求諸己，推己及人，則往往會有皆大歡喜的結果。反求諸己，容易共情，由情入理，自然會生羞惡之心而知義，生辭讓之心而知禮，是非之心而知恥。自私自利之人，往往不懂推己及人的道理，往往毫無顧忌地損害他人的利益，把苦惱轉嫁到旁人身上。以這種方式做人，無論走到哪裡，都會被人罵到哪裡，真正是既損人又損己。

　　人人都有自尊心，人人都有好勝心，若要維繫感情，應處處重視對方的自尊心，因為要重視對方的自尊心，必須抑制你自己的好勝心，成全對方的好勝心。

　　比如對方與你有同樣的特長，對方與你比賽，你必須讓他一步，即使對方的技術敵不過你，你也得讓對方獲得勝利。但是一味退讓，便表現不出你

第4章　莫為面子誤大事—自己的面子別人給，別人的面子你來撐

的真實本領，也許會使對方誤認你的技術不太高明，反而引起無足輕重的心理。所以你與他比賽的時候，應該施展你相當的本領，先造成一個均勢之局，使對方知道你不是一個弱者，進一步再施小技，把他逼得很緊，使他神情緊張，才知道你是個能手，再一步，故意留個破綻，讓他突轉而出，從劣勢轉為均勢，從均勢轉為優勢，結果把最後的勝利讓給對方。對方得到這個勝利，不但費過許多心力，而且危而復安，面子上自然好看，精神一定十分愉快，對你也有敬佩之心。不過安排破綻，必須十分自然，千萬不要讓對方明白這是你故意使他勝利，否則便覺得你是虛偽的人。所面臨的難題，是起初你還能以理智自持，比賽到後來，感情一時衝動，好勝心勃發，不肯再做讓步，也是常有的事。或者在有意無意之間，無論在神情上，在語氣上，在舉止上，不免流露出故意讓步的意思，那就白費心機了。

常常有些人，無理爭三分，得理不饒人，小肚雞腸；相反，有些人真理在握，不多言語，得理也讓人三分，顯得大肚能容。前者，往往是生活中的不安定因素，後者則具有一種天然的向心力。一個活得嘰嘰喳喳，一個活得自然瀟灑。有理，沒理；饒人，不饒人，一般都在是非場上、論辯之中。假如是重大的或重要的是非問題，自然應當不失原則地論個青紅皂白甚至為追求真理而獻身。但日常生活中，也包括工作中，往往為一些非原則的、雞毛蒜皮的問題爭得頭破血流，以至於非得決一雌雄才算罷休。這都是因為不懂面子學。

其實在這種場合裡故作深沉正顯示了大度綽約的風姿。爭強好勝者未必掌握真理，而謙下的人，原本就把出人頭地看得很淡，更不需說一點小是小非的爭論，根本不值得稱雄。你若是有理，卻表現得謙下，往往能顯示出一個人的胸襟之坦蕩、修養之深厚。

不過，朋友之間如果太重視禮讓，自貶而崇人，則恐怕更加糟糕。所以，朋友間的交往要恰如其分，不強交，不苟絕，這種關係的處理，恐怕用得上這麼一副對聯：「大著肚皮容物，立定腳跟做人。」即「君子為人，和而不流」，小事「和」大事「不流」。

朋友之間，在非原則問題上應謙和禮讓，寬厚仁慈，裝點糊塗。但在大是大非面前，則應保持清醒，不能一團和氣。見不義不善之舉應以正義遏止之，若力不至此，也應做到不助長之。如果明明知道有人在進行不義不善之事，卻因他是長輩、上司、朋友，便沉默容許，這就是一種很自私的趨避。有時候，立定了腳跟做人，的確是會冒風險的，也可能會受到暫時的委屈，被別人不理解。但是，這種公正的品德，最終會贏得人們的尊敬的。

不把學歷和面子放在天平上稱

現實生活中，你有面子是好事，但你無須將你所有的面子一股腦兒地搬出來亮給他人看。

有一位曾留學美國的電腦博士，畢業後在美國找工作，結果接連碰壁，好公司沒人要，壞的公司又放不下面子，結果許多家公司都將這位博士拒之門外。這麼高的學歷，這麼吃香的專業，為什麼找不到一份工作呢？

萬般無奈之下，這位博士決定不在乎面子，換一種方法試試。

他收起了所有的學歷證明，以一種最低身分再去求職。不久他就被一家電腦公司錄用，當一名最基層的程式錄入員。這是一份稍有學歷的人都不願去應徵的工作，而這位博士卻做得兢兢業業、一絲不苟。沒過多久，上司就發現了他的出眾才華：他居然能看出程式中的錯誤，這絕非一般錄入人員所

能比的。這時他亮出了自己的學士證書，老闆於是替他調換了一個與本科畢業生對口的工作。過了一段時間，老闆發現他在新的職位上遊刃有餘，還能提出不少有價值的建議，這比一般大學生高明，這時他才亮出自己的碩士身分，老闆又為他升遷了。

有了前兩次的經驗，老闆便更注意觀察他，發現他還是比碩士有水準，對專業知識的廣度與深度都非常人可比，就再次找他談話。這時他拿出博士學位證明，並敘述了自己這樣做的原因。此時老闆才恍然大悟，毫不猶豫地重用了他，因為對他的學識、能力及敬業精神早已全面了解了。

這個博士是聰明的，在碰了幾次釘子後，他放下身分與架子，不在乎博士的面子，甚至讓別人看低自己，然後在實際工作中一次次地展現自己的才華，讓別人一次一次地對自己刮目相看，他的形象就逐漸高大起來。許多年輕人初入社會時，往往把自己的一堆頭銜、底牌全部亮出來，誇耀自己，結果或者讓別人反感難以與人合作，或者招來很高的期望值而讓人失望，稍有失誤便不好翻身。

要想獲得成功，就需要放下自己的身段，把自己的面子隱藏，畢竟面子不能代表實質的麵包。

做人要懂得隨機應變

在社交中，尷尬之時總是難以避免，當你遇到比較麻煩的場面時，機靈一點，換種方式為自己圓場。在社交中，誰也不可能預料一切。例如，也許你沒想到和你打交道的是與你有嫌隙的人或者是你競爭對手的朋友；也許你沒估計到對方是義大利人而不喜歡披薩；也許你突然說錯了話等等，這些都

是很讓人尷尬的事。這時候，你原來所準備應付的情況全變了，一時免不了有些失態。這種場合下能夠及時救場是非常必要的。

一個人的隨機應變能力當然是以人生經驗為基礎的，經過多次實踐，必然會變得老練聰明。與此同時，應變能力也反映著一個人的機智和修養。只有面子學功底深厚的人才有可能在情況發生變化時化險為夷，化拙為巧，使自己擺脫尷尬境地，並在交際中取得良好的效果。

想要完美救場，首先要做到以下幾點：

（1）無論出現什麼情況，都能夠保持高度的冷靜，使自己不失態

例如在一次商務應酬中，對方在談到價格時突然揭了你這一方的老底，說你給某公司的價格很低，而給他們過高，這實在是太欺負人，等等。交易夥伴這樣揭露，是很傷面子的。如果你不冷靜，情緒過分緊張或者激動，很可能應付不了這個局面。接下來或者承認事實，或者憤怒爭辯，矢口否認，很可能當時就不歡而散。但是你如果很冷靜，可能會很快找出理由，比如價格低並不保證退換維修，某一方面沒有運用新材料新技術，或者在付款形式、供貨期限、品質保險等方面有不同。反正你總能找出合適的理由來挽救局面，為自己的行為找到體面的說法。

（2）在任何情況下，都應該能夠打圓場，淡化和消解矛盾，為自己和對方找臺階，使氣氛由緊張轉為輕鬆，由尷尬轉為自然

在很多時候，替別人解圍比為自己掩飾更重要，一方面表示自己對對方的理解和尊重，另一方面也為自己留下了餘地。

(3) 應學會巧妙地轉移話題和分散別人的注意力

　　一旦你說錯了話或者做錯了什麼事，除了迅速承認錯誤之外，還要學會巧妙地轉移話題，把別人的注意力吸引到其他方面。比如用幽默或玩笑的方式轉移目標，把關於人的事扯到某種物上面，把令人緊張的話題變成輕鬆的玩笑等。當然，這要進行一些必要的口才和應變能力訓練才能做到。

面面俱到難做人

　　人無完人。同樣，一件事情要做到所有人都點頭稱讚是不可能的，為了每一個人的每一種意見而任人擺布的人想想，你得如何做人，才能面面俱到呢？

　　當你告別了孩提時代，初諳世事的時候，你發現許多大人們善於揣摩別人的心思而投其所好，八面玲瓏地待人接物而左右逢源。於是，你也東施效顰，想修煉出一副老成持重的形象，想有一副叫人一看就悅目的面孔，有叫人悅耳的嗓音，甚至自己將自己改造得面目全非，完全仿效他人，以首長的車型評論其級別，以女子或男子的經濟基礎、「上層建築」論婚配，以路人的穿著評論其地位，以上級的職務權力論其輕重，以朋友的利弊關係定親疏……然後，以相應的「對策」來「對付」對方。於是有了吹捧或蔑視、高貴或低賤、熱情或冷淡、用得著或沒用等等待人接物的心態。然而，你最終沒成正果。哪怕一次小小的疏忽也讓人不能原諒，你仍是四面楚歌，活得很累很苦。

　　左右迎合，事與願違。這類人做任何事總想取悅所有的人。當他實際要處理某一件事時，首先考慮的就是：「我怎麼做才能贏得大家的好感呢？」於

是他就時時刻刻揣測別人對他的要求。結果，他竟不知道自己怎麼去做，自己需要什麼，陷於無所適從、進退維谷的泥沼。他總是失望，因為他不可能滿足每個人的要求。

沒有原則的人還往往禁不住他人的誘惑，自己的意志比較薄弱，什麼事情，最初還能遵循自己的原則，但一經別人三言兩語一勸，防線馬上就崩潰了。舉個日常生活中最簡單、最普遍的小例子：拿喝酒來講，幾個朋友坐在一起，常常要推杯換盞，邊喝邊聊。幾杯酒下肚之後，本來規定自己只喝三杯，而且開始時還能撐住，但撐不了多久，在朋友的再三勸說之下，腦袋一熱，什麼三杯原則，五杯又怎麼樣？於是，原則丟在了腦後，放開肚子喝了起來。其結果常常是酩酊大醉，耽誤了其他的事不說，對自己的身體損害極大。這是多麼不划算的事啊！

下面這則寓言相信你一定讀過：

有對父子趕著一匹驢進城，子在前，父在後，半路上有人笑他們：

「真笨，有驢子竟然不騎！」

父親覺得有理，便叫兒子騎上驢，自己走路。走了不久，又有人說：

「真是不孝的兒子，竟然讓自己的父親走路！」

父親趕忙叫兒子下來，自己騎上驢背。走了一會，又有人說：

「真是狠心的父親，自己騎驢，讓孩子走路，不怕把孩子累死？」

父親連忙叫兒子也騎上驢背，這下子總該沒人有意見了吧！誰知又有人說：

「兩個人騎在驢背上，不怕把那瘦驢壓死？」

父子倆趕快溜下驢背，把驢子四隻腳綁起來，一前一後用木桿抬著。經

過一座橋時，驢子因為不舒服，掙扎了一下，結果掉到河裡淹死了！

很多人做事就像這故事中的父親，人家叫他怎麼做，他就怎麼做，誰抗議，就聽誰的！結果呢？大家都有意見，而且大家都不滿意。

一般來說，會這麼做的人有以下幾種心理：

1. 不想得罪任何人，甚至想討好每一個人，至於是非對錯，不管啦！

2. 本身就是沒有主見的人，無法分辨是非對錯，所以誰說得有理，就聽誰的。

不管是什麼樣的心理，想面面俱到，不得罪任何人，又想討好每一個人，那是絕對不可能的。因為生而為人你不可能顧到每一個人的面子和利益，你認為顧到了，別人卻不這麼認為，甚至根本不領情都有可能。在做事方面，你也不可能顧到每一個人的立場，每個人的主觀感受和需要都不同，你越是想讓每個人滿意，事實上，就會有人不滿意。

結果呢？有兩個結果：

1. 為了面面俱到，反而把自己累死，而因為怕對方不滿意，還得小心察言觀色，揣摩他的心思，這多辛苦，恐怕非神經衰弱不可了。

2. 別人摸透了你想面面俱到的弱點，便會軟土深掘，得寸進尺地索求，因為他們知道你不會生氣，於是你就變成人人看不起，給人好處別人不感謝的天下超級傻好人。

那麼該怎麼做？

做你應該做的。也就是說，你認為對的，就不動搖地去做，參考別人意見時要看意見本身，而不是看別人的臉色。這麼做有時確實會讓一些人不高興，但你的不受動搖，卻可贏得這些人事後的尊敬，畢竟人還是服從公理

的，除非你的堅持純粹是為了私心。

這麼做，會有人稱讚你，也會有人罵你，但想面面俱到的人，結果是 —— 每個人都笑你。

替人留面子的技巧

為了與人和睦相處，在他人眼裡留下個好印象，在相處中誰都想替別人留點面子，但這面子怎麼去為他人而留呢？

有些主見極強的人物尤其愛面子，如果跟他們爭面子，那就只有丟面子的下場。所以要善於替他們留面子，方法上一方面要主動，讓他感受到你的誠意；另一方面要謹慎，稍不留神自己的那一點面子就會被他奪去。

在整個二次世界大戰期間，史達林在軍事上最倚重的人有兩個，一個是軍事天才朱可夫，一個則是蘇軍總參謀長華西列夫斯基。

眾所周知，史達林在晚年逐漸變得獨裁專制，唯我獨尊的個性使他難以接受屬下的不同意見。在二戰期間，史達林的這種過分的自以為是曾使紅軍大吃苦頭，遭到本可避免的巨大損失和重創。一度提出正確建議的朱可夫曾被史達林一怒之下趕出了大本營，但有一人卻例外，他就是華西列夫斯基，他往往能使史達林在不知不覺中採納他的正確的作戰計畫，從而發揮著重要的作用。

華西列夫斯基的進言妙招之一，便是潛移默化地在休息中施加影響。

在史達林的辦公室裡，華西列夫斯基喜歡與史達林談天說地地「閒聊」，並且往往「不經意」地「順便」說說軍事問題，既非鄭重其事地大談特談，講的內容也不是頭頭是道，但奇妙的是，等華西列夫斯基走後，史達林往往會

想到一個好計畫。過不了多久，史達林就會在軍事會議上宣布這一計畫，於是大家都紛紛稱讚史達林的深謀遠慮，但只有史達林和華西列夫斯基心裡最清楚，誰是真正的發想者，誰是真正的思想創意者。

再開明的領導者，內心也是不喜歡過於直白的建議和批評的，因為這直接傷害了他的面子。即便他有時接受了你的直言相勸，並獲得了顯著成果，且內心裡承認你的能力，但他讚賞的卻是你的意見和建議本身，而不是你的進言方式。

華西列夫斯基的策略可以說既有間接實現自身的想法，也有藉以自保的打算。然而，當這種方法也無法使用時，最保險安全的做法還是隱身而退，否則，即使藏身幕後也會有殺身之禍，因為功勞不說但客觀存在，功高震主總非好事。

避風雨的策略，初看起來好像比較消極。其實，它並不是委曲求全窩窩囊囊地做人，而是通過少惹是非、少生麻煩的方式，更好地展現自己的才華，發揮自己的特長。同時，對於一些謀士來說，運用退出的手段，不僅可以保命安身，還可以求得一個好的終結。這實在要比一直不知好歹待在舞臺上，最後被強行撕掉面子好得多。

死要面子活受罪

要面子固然沒錯，但也不要去死要面子，那樣真的只會令你活活地受罪。

責怪別人，逼迫別人認錯，或者損害別人的臉面，這些都是在做人處世中要不得的。而另一方面，對於自己的錯誤勇於承認，也是做人所必不可少

的。所謂「寬以待人，嚴以律己」，自己犯了錯誤，應勇於承認，而且越快越好。因為這是一種保住臉面的策略。一味硬撐著，只會死要面子活受罪，到頭來後悔不迭。

有一位退休的機械工程師，他對事情是否做到精確無誤的程度的關心，更甚於關心自己的事業是否成功。他認為一個被他人揪出錯誤的人就活像個笨蛋一樣，無論錯誤是因為不準確的測量也好，觀測的角度不對也好，是錯誤的結論，還是無效的評估，這些對他來講都一樣，他最喜歡說的一句話是：「你不可以在別人面前丟臉。」事實上，只要是人皆會出錯，這位工程師也不例外，為了保全面子，即使他心裡知道自己做錯了事，也會在大庭廣眾之下裝出一副自己沒有錯的樣子。更為可笑的是，他對不知道的事情也會裝出一副很懂的樣子，在他身邊工作的人當然很受不了他這一點，為此，這位工程師失去了很多人的喜愛和尊敬。

當然，無論做什麼事，我們都希望自己是對的。當我們得出正確的結論時，我們會感到特別高興。當老師對學生說你答對了的時候，學生會覺得驕傲和快樂。相反地，如果老師說「你答錯了，你沒有通過考試」，那麼學生就會因此害怕自己又答錯，反而會答錯得更多。但大多數人都應該知道，在人們所做的事情中，很少有人能說哪些事情是百分之百正確或百分之百錯誤的。然而，不管是在學校也好，公司也好，還是從事政治活動或是在運動場上，我們所有的社會系統都只能容忍我們做出正確的事情。

結果很多人都在充滿防禦的心理下長大，而且學會掩飾自己的錯誤。還有一種人，他們在被揪出錯誤之後，因為害怕再犯錯，乾脆就什麼事情也不做。他們會產生既緊張又牴觸的心理。

當然，如果採取相反的態度，即對任何事情，都認定我對你錯，這也是

第4章　莫為面子誤大事——自己的面子別人給，別人的面子你來撐

不明智的。一句俗話講得好：「或許你會因此而贏得某場戰役，可是你最後可能會輸掉整場戰爭。」有些人不僅堅持認定自己無時無刻都對，而且他們在辯贏了之後，還會對別人幸災樂禍，自我吹噓一番。

對這些人我們要奉勸：與其裝出一副自己什麼都對、洋洋得意的樣子，倒不如做錯事情的時候勇敢承認顯得比較明智，如果一個令人難以忍受的人在你做錯事情的時候貶抑你，你內心應該要清醒地明白這個人的心理大概是有些問題。同樣的道理，對於那些斬釘截鐵地說自己對，並常常要證明自己是對的人，人們也會抱著敬而遠之的態度。

我們常常見到一些人的婚姻處於如履薄冰的狀況。推究原因，總不外乎是先生和太太各持己見，堅持自己是對的緣故。如果他們能證明對方不對的話，往往會得理不饒人。這種行為根本不可能增進夫妻間彼此的愛和關懷，相反卻會使彼此之間充滿了競爭和互相有所防衛的氣氛，最終導致離異。

要解決這些危機，關鍵之處在於：我們必須了解每個人都會出錯的道理。當你做錯事情的時候，不要為了裝出一副對的樣子而掩飾自己的過錯。事實上，意識到自己所犯的過錯，常常會對自己有所幫助。這種舉動不僅能使你從錯誤中得到教訓，而且別人也會覺得你很會做人，從而會更信賴你。

「我很抱歉！」「我疏忽了！」「我錯了！」誠實地招認自己的過錯，不僅不會使你看來像個笨蛋一樣，反而還會得到別人的信賴和尊重，否認或掩飾自己犯下的過錯，會妨礙自己人格的成長。

犯錯能使自己獲得成長的機會，它不是愚笨或無能的象徵，裝出一副自己什麼都對、什麼都懂的樣子，通常會讓自己失去友誼和與他人的親密關係。

死敵也要留面子

在朋友面前也好，在敵人面前也罷，你不顧及別人的面子行事，總有一天是要吃苦頭的。所以有時候，寧可委屈自己一點，也要留些臉面給別人，甚至是你的敵人。

俗話說：沒有永遠的朋友，也沒有永遠的敵人。敵人與朋友之差，有時候只是在於面子上是否過得去。雖然不一定成為朋友，但只要不使對方顏面盡失，產生不共戴天的仇恨，一般情況下是不會成為死敵的，而一旦因為是敵人就無所顧忌地撕臉扒皮，路就會因此徹底堵死，潛在的危險可能就會爆發了。

世界上任何一位真正偉大的人，都善於保住失敗者的面子，而不會得意忘形地陶醉於個人的勝利。

1922 年，土耳其人在與希臘人經過幾個世紀的敵對之後，下決心把希臘人逐出土耳其領土，土耳其最終獲勝。當希臘的兩位將領前往土耳其總部投降時，土耳其士兵對他們大聲辱罵。但土耳其的總指揮凱末爾卻絲毫沒有顯現出勝利者的驕傲。他握住他們的手說：

「請坐，兩位先生，你們一定走累了。」他以對待軍人的口氣接著說：「兩位先生，戰爭中有許多偶然的情況。有時，最優秀的軍人也會打敗仗。」

這使兩位敗軍之將都十分感動，並沒有因吃了敗仗投降而產生沉重的羞辱感。後來希臘和土耳其兩國之間也並沒有大的怨隙，更沒有因打仗而絕交。凱末爾將軍一番得體的話讓敵人保住了面子，也贏得了發展友誼的可能性。試想，倘若凱末爾也像士兵那樣羞辱那兩位投降的將軍，使他們心懷怨恨，那麼，可想而知，不但友誼無從談起，戰事在將來也會不可避免。

第4章　莫為面子誤大事—自己的面子別人給，別人的面子你來撐

對於敵人，對於鋌而走險的對手，同樣要留下迴旋的餘地。俗語說：「兔子不急不咬人。」把對方逼上絕路只會導致負隅頑抗。而「殲敵一千，自損八百」，這對於雙方都沒有好處，也不是解決問題的辦法。

1977 年 8 月，幾名克羅埃西亞人劫持了美國環球公司從紐約拉瓜迪亞機場至芝加哥的一架班機。在與機組人員僵持不下之時，飛機兜了一個大圈，越過蒙特婁、紐芬蘭，最終降落在巴黎夏爾‧戴高樂機場。在這裡，法國員警打扁了飛機的輪胎。

飛機停了 3 天，劫機者與警方僵持不下，法國警方向劫機者發出最後通牒：「嘿，各位！你們能夠做你們想做的任何事情，但美國員警已到了，如果你們放下武器和他們一起回美國去，你們將會被判處不超過 2 至 4 年的徒刑。也可能意味著你們也許在 10 個月左右被釋放。」

法國員警停頓片刻，目的是讓劫機者將這些話聽進去，接著又喊：「但是，如果我們不得不逮捕你們的話，按我們的法律，你們將被判死刑。那麼你們願意走哪條路呢？」劫機者被迫投降了。

本例中的劫機者一方面因為機組人員的抗拒和警方的追捕而無法達到預定目的，另一方面由於不清楚警方的態度而不敢輕易放下武器，陷入了進退兩難的痛苦局面。法國員警在勸說中明確地向對方指出了兩條道路：投降或者頑抗，投降的結果是 10 個月左右的徒刑，而頑抗的結果只能是死刑。面對這兩條迥異的道路，早已心慌意亂的劫機者肯定識相地選擇棄械投降。

對鋌而走險者最忌的一招就是不留退路。俗話說一不做，二不休，兔子急了還咬人呢，何況人乎？所以，說話辦事中，凡遇有一頭撞南牆的人，切記不可把話說絕，否則物極必反，會把本來可以有挽救餘地的人或事逼向絕路。

所以說，敵人不一定非要消滅不可。關鍵時刻不但要能變換面孔，也要會變換面孔。給面子，留餘地，這不僅是做人之道，也是取勝成事的上上之道。

自己勇於承認錯誤，這是一件難能可貴的事。但我們處於複雜的人際關係之中，有時光有這種優秀品格並不一定夠用。所以還要學會替人擔責，尤其是替團隊、替上司保面子和爭面子的本領。

上司是人不是神，決策就必然會有失誤之時。即使一貫正確，群眾中也可能出現對立面，對上司發起反抗，這樣情況就顯得大為不妙。這時候聰明的做法應該是，當上司與群眾溝通不良時，你應該大膽地站出來為他做解釋與協調的工作，甚至不妨替他背背黑鍋，這最終還是有益於群眾利益的。而身為上司，當最需要人支援的時候你支持了他，他就自然視你為知己。實際上，上級與屬下的關係是十分微妙的，既可以是上對下的關係，也可以是對等的朋友關係。誠然，上司與部下身分不同，是有距離的，但身分不同的人，在心理上卻不一定有隔閡。一旦你與上級的關係發展到知己這個層次，與同僚相比，你就獲得了很大的優勢。你可能因此而得到上級的特別關懷與支援。甚至，你們之間可以無話不談。至此，是否可以預言，你的升遷之日已經為期不遠了呢？

某公司部門方經理由於辦事不力，受到公司總經理的指責，並扣了他們部門所有職員的獎金，這樣一來，大家很有怨氣，認為方經理辦事失當，造成的後果卻由大家來承擔，所以一時之間怨氣沖天，方經理處境非常困難。

這時祕書小羅站出來對大家說：「其實方經理在受到批評的時候還在為大家據理力爭，要求總經理只處分他自己而不要扣大家的獎金。」

聽到這些，大家對方經理的氣消了一半，小羅接著說，方經理從總經理

那裡回來時很難過，表示下個月一定要想辦法補回獎金，把大家的損失通過別的方法彌補回來。

小羅又對大家講，其實這次失誤除方經理有責任外，我們大家也有責任。請大家體諒方經理的處境，齊心協力，把公司業務做好。

小羅的調解獲得了很大的成功。照理說這並不是祕書職責之內的事，但小羅的做法卻使方經理如釋重負，心情豁然開朗。接著方經理又推出了自己的方案，進一步激發了大家的熱情，糾紛很快得到了圓滿的解決。小羅在這個過程中的作用是不小的，方經理當然另眼相看。

在日常生活中，尤其是在工作中，很可能會出現這樣的情況，某些事情明明是上司失誤了或處理不當，但在追究責任時，公司上級卻指責自己沒有及時彙報，或彙報不準確。身為屬下應該知道，必要的時候必須為上司背黑鍋。這樣，儘管眼下自己會受到一點損失，承受了幾句批評，但到頭來，為上司解圍，無論於公於私都會有相當大的好處。另外，與上司相處時，還應注意不要和他發生衝突，無論是事實上的還是心理上的，上司的權威和面子比自己的更重要，在具體實踐中，我們不妨借鑑以下幾點：

(1) 上司理虧時，替他留個臺階下

常言道：得饒人處且饒人，退一步海闊天空。對上司更應該這麼做。上司並不總是正確的，但上司又都希望自己正確。所以沒有必要凡事都與上司爭論孰是孰非，給上司一個臺階下，維護上司的面子，對你以後找上司處理事情會大有好處。

(2) 上司有錯時，不要當眾糾正

如果錯誤不明顯，無傷大雅，其他人也沒發現，不妨裝聾作啞。如果上司的錯誤明顯，的確有糾正的必要，最好尋找一種能使上司意識到而不讓其他人發現的方式去糾正，讓人感覺上司自己發現了錯誤而不是屬下指出的，如一個眼神、一個手勢甚至一聲咳嗽都可能解決問題。

(3) 尊重上司的喜好和忌諱

喜好和忌諱是多年養成的習慣，有些人就不尊重上司的這些面向。一位處長經常躲在廁所抽菸，原因是這位處長手下有四個女員工，她們一致反對處長在辦公室抽菸，結果處長無處藏身，只好躲到廁所裡過把菸癮。他的心裡當然不舒服，還不到一年，四個女員工就換走了三個。

(4) 百保不如一爭

懂得察言觀色的屬下並不是消極地替上司保留面子，而是在一些關鍵時候為上司爭面子，為上司錦上添花，多增光彩，取得上司的賞識。

面子在我們的生活中已滲透到方方面面。如果我們把關於面子的學問靈活運用，舉一反三，相信你不論在哪種人際關係的處理中都會得心應手，遊刃有餘，你的路也會因此越來越寬，越來越平坦，越來越開闊。

第4章　莫為面子誤大事—自己的面子別人給，別人的面子你來撐

第 5 章　織好人際關係網 ——

借助別人的力量去成功

第 5 章　織好人際關係網─借助別人的力量去成功

一回生，二回半生不熟，三回才全熟

　　錯綜複雜的人際網中，有時候「一回生，二回熟」並非顯得你大方、隨和，有時候相識的過程應多與人們實際往來。

　　小明參加一個社交聚會，交換了一大堆名片，握了無數次手，也搞不清楚誰是誰。

　　幾天後，他接到一個電話，原來是幾天前見過面，也交換過名片的「朋友」，因為那位「朋友」名片設計特殊，讓他印象深刻，所以記住了他。

　　這位「朋友」也沒什麼特別目的，只是和他東聊西聊，好像二人已經很熟的樣子。

　　小明不大高興，因為他跟那個人沒有業務關係，而且也只見了一次面，他就這樣子打電話來聊天，讓他有被冒犯的感覺。而且，也不知道和他聊什麼好！

　　在現代社會中，這種情形常會出現，以小明的這位「朋友」來看，他有可能對小明印象很好，有心和他交朋友，所以主動攀談，另外也有可能是為了業務利益而先行鋪路。但不管基於什麼樣的動機，他採取的方式犯了人性叢林的大忌 —— 操之過急。

　　拓展人際網路是名利場上的必然作為，但在人性叢林裡，還是有一些法則必須注意，才能達到預期的效果，而不至於弄巧成拙。這個法則就是「一回生，二回半生不熟，三回才全熟」，而不是「一回生，二回熟」！「一回生，二回熟」還太快了些，「一回生，二回半生不熟，三回才全熟」則是漸進的、長期的、溫水煮青蛙的。

　　之所以要「一回生，二回半生不熟，三回才全熟」，是因為：

1. 人都有戒心。這是很自然的叢林反應，一回生，二回就要「熟」，對方對你採取的絕對是關閉大門的防衛姿態，甚至認為你居心不良，因而拒絕你的接近。名人、富人或有權勢之人，更是如此。

2. 每個人都有自我。你若一回生，二回就要熟，必定會採取積極主動的態度，以求盡快接近對方。

也許對方會很快感受到你的熱情，而給你熱情的回應，可是大部分人都會有自我受到壓迫的感覺，因為他還沒準備好和你熟，他只是痛苦地應付你罷了，很可能第三次就拒絕和你碰面了。

「一回生，二回熟」的缺點還不只上面提的兩點，因為你急於接近對方，所以很容易在不了解對方的情形下，以自己為話題主角，以維持兩人交談的熱度，這無疑是暴露自己，犯了人性叢林裡的大忌，若對方不是善類，你這動作不是自投羅網嗎？

在人性叢林裡，的確需要有人同行，但同行夥伴的獲得必須花上一段時間。「一回生，二回半生不熟，三回才全熟」正是最高的指導原則。保持平靜的、持續的接觸，這樣拓展出來的人際關係才是可以信賴的。

送人虛名，給人實惠

生活中，需要好的人際關係，與人相處時，慷慨一點先將那些虛名利益送給別人，最後獲得更大的成功和利益。

在生活中找到你的合作夥伴、你的良師益友，是你的福分，不僅需要一雙明眼、一張巧嘴，還得善於為對方付出以體現你對他的敬重。你想得到別人的支持，送東西給對方，但是要送得恰當。

第 5 章　織好人際關係網─借助別人的力量去成功

(1) 送出虛名求實惠

許多人愛出風頭好虛名，總是想顯示自己的存在和證明自己的重要。

而明智的人，他始終考慮實際的利益，而不會在乎這些虛名。因為他們知道，只要獲得成功，終會有一天實至名歸。

美國著名的鋼鐵大王卡內基是一個不好虛名重實際的人，只要對事情有好處，他就不吝於將出風頭的事讓給別人。

有一年，卡內基結識了一位名叫佛里克的青年。此人經營煤炭業，號稱「焦炭大王」，卡內基的鋼鐵公司需要煤炭，而且他對佛里克的膽識與才能非常賞識，如果跟佛里克合作的話，對他的事業無疑是有好處的。

卡內基知道佛里克為人十分自負，如果不把他的面子照顧得很周全，即使他明知對自己有利，也不會合作的。於是，他將佛里克請到自己家裡，熱情接待。其時，卡內基已年近 50，比佛里克的歲數多出一倍，他的財富則比佛里克多無數倍，但他仍然在佛里克面前保持著禮貌和謙遜。儘管佛里克是個驕傲自負的人，也不禁對卡內基產生了好感，這時，卡內基才提出合作成立一家煤炭公司的建議。他還大度地表示，新公司的總價值是 200 萬美元，佛里克的焦炭公司約值 32.5 萬美元，其餘 160 多萬美元都由他支付，股份雙方各得一半。

只出四分之一多一點的資金，卻能得一半股份，這是打著燈籠都難找的好事，佛里克卻還在猶豫。如果公司以卡內基的名義運作的話，他是不樂意的，因為他是一個「寧為雞首，不為牛後」的人。

卡內基看出他的心事，補充道：「新公司的名稱是『佛里克焦炭公司』。」

佛里克再也沒有疑問，當即爽快地同意了。此後，佛里克成為卡內基的

合作者，日後更成為卡內基鋼鐵公司的高階管理職位之一。

卡內基始終認為，身為商人，當以求利為本。利來而名自至，根本不用考慮一時的虛名。卡內基不務虛名，但他把事業做大了，把做人做到了極高的水準，人們都樂意傳誦他的名，於是他就名揚全球。這比那種爭虛名想露臉的做法無疑高明多了。

(2) 送實惠得到更多的實惠

不少好朋友，或者事業上的合作夥伴，由於種種原因，後來反目成仇了，雙方都搞得很不開心。相互你好我好地走到一起，結果是大打出手地分手，前後反差太大了。

有人問一個事業有成的富二代：「你父親教了你一些如何成功賺錢的祕訣嗎？」他回答說，賺錢的方法他父親什麼也沒有教，只教了他一些為人的道理。他的父親曾經對他說，和別人合作，假如他拿七分合理，八分也可以，那麼李家拿六分就可以了。

這位父親的意思是，他吃虧可以爭取更多人願意與他合作，你想想看，雖然他只拿了六分，但現在多了一百個合作人，他現在能拿多少個六分？假如拿八分的話，一百個人會變成五個人，結果是虧是賺可想而知。這位資本家父親一生與很多人進行過或長期或短期的合作，分手的時候，他總是願意自己少分一點錢。如果生意做得不理想，他就什麼也不要了，願意吃虧。

這是種風度，是種氣量，也正是這種風度和氣量，才有人樂於與他合作，他也就越做越大。所以，一個人的成功更得力於他的恰到好處的處世經驗：

第 5 章　織好人際關係網—借助別人的力量去成功

(3) 把便宜留給別人

從心態上來看，你總是不願吃虧，老占別人的便宜，會把自己弄得很猥瑣，因為便宜不會都被你占盡，也就會覺得自己總在吃虧，心中就會積存不滿和憤怒，這對自己也會是很大的傷害。再者，蹭朋友的人絕不會有什麼出息，因為，他的眼光都集中到收集和占有眼前的每一點微小的利益上，勢必影響自己的境界，缺乏向遠處、高處看的意識和能力，而得不到別人的支持，一個人忙得焦頭爛額，也難以成功。

人際關係中，每件事情都無法做到絕對公平，總是要有人承受不公平，要吃虧。

每個人在生活中都需要好的人際關係，都希望與別人相處融洽，溝通意見，互幫互助。人際關係好的人，人們稱他人緣好。人緣好是安全感的來源，是為人處世的基礎。一個微笑，一束鮮花，一句問候，一聲讚嘆，一次幫助，都能為你贏來好人緣。

與人相處，不僅利不能貪，功也不能貪，名也不能貪；不僅功要讓，利也要讓，名也要讓。有一分退讓，就受一分益；吃一分虧，就積一分福。相反，存一分驕慢，就多一分侮辱；占一分便宜，就招一分災禍。一個人，對於事業上的失敗，能自認這方面的錯誤，就能讓人感念；在有成就時，能讓功於人，就能讓人感恩。老子說，事業成功了但不能居功。不僅成功讓功，對待名譽也要讓名，對待利益也要讓利，對待善也要讓善，對待得也要讓得，凡是壞處就歸於自己，好處都歸於他人。他人得到名，我得他這個人；他人得到利，我得他這顆心。二者之間，輕重如何？明眼人一看就知道分寸了。

讓人為上，吃虧是福。為什麼呢？在生活中，人們對處處搶先占小便宜的人一般沒有什麼好感，這樣，他從做人上而言就吃了大虧。因為你已經處處搶先了，你從來不等別人想到你而總是主動跳出來為自己謀每一點你看在眼裡的利益，那麼你周圍的人就再也不會主動為你著想了，反而要處處對你設防，那麼，你豈不是吃了大虧？而且，這樣的人，心情經常會處於比較惡劣的狀態。所以生活中有很多時候，吃點小虧對你自己的利益其實不會有什麼損失。人心是一桿秤子，如果你能使自己做到不斤斤計較，對別人不過分苛求，待人寬厚，你周圍的人就會信賴你、尊重你，你就會有一個寬鬆而和諧的生活氛圍，你就會時時有很開心的感覺。這就是「吃虧是福」的真諦。

面對什麼上司，使出什麼絕招

工作中，身為屬下的你得清楚你的老闆是哪類人，方能對他施「計」。

俗話說：「一個籬笆三個樁，一個好漢三個幫。」不懂得或不善於利用他人力量，光靠單槍匹馬闖天下，在現代社會裡是很難大有作為的。

在我們身邊有許多人際關係，需要我們去利用。其中最主要的也是最容易被忽視的便是與各種上司打好交道，其實與他們維繫好關係並不難，關鍵是要留點「心眼」，想一想他們各自的特點，對症下藥就可以輕鬆搞定了。

下面我們簡單地介紹一下應對各種上司的方法：

(1) 遇到冷靜的上司，不要自作主張

說話不多，舉止安定；高興時不會大笑，不會手舞足蹈；悲痛時不會大哭，不會逢人訴說；認為對的，不會拍手稱許，不會熱烈表示贊成……他的

舉止，始終保持常態，這是頭腦冷靜的人。

　　如果遇到冷靜的上司，那麼對於一切工作計畫，你只需要提供意見，不要自作主張，等到決定計畫後，你只要負責執行便行。

　　至於執行的經過，必須有詳細記載，即使是極細微的地方，也不能稍有疏忽，這種一絲不苟的精神、詳細記載的報告，正是他所喜歡的。但執行中所遇到的困難，你最好能自行解決，不必請求。

　　隨機應變原非他之所長，多去請求反而容易耽誤，做好事後用口頭報告當時是如何處理的，他就會很高興。但要注意的是，即使事後報告，也要力求避免誇張的口氣。雖然當時的確十分難辦，也要以平靜的口氣，輕描淡寫，這樣一來反而更可表現你的應變本領。

(2) 與懦弱的上司打交道，要當心他身邊的實權人物

　　懦弱的人，不會當領袖，即使當領袖，大權也必不在手中，自然有能者在代為指揮。你必須看準代為指揮的人是什麼性情，再採取應對的方法。一個組織的重心不是名位，而是權力，權力的所在才是重心的所在。雖然說，名不正則言不順，名位與重心，往往合二為一，然而，對懦弱的上司來說，名位是名位，重心是重心，絕不會合在一起。代為指揮的人若是正人君子，懦弱的上司還可保持著形式的尊嚴。如果代為指揮的人懷著野心，那是「挾天子以令諸侯」，上司只是個傀儡而已。

　　在這種處境下，你必須能與代為指揮者相抗衡，否則必然失敗。你也不能與代為指揮者分離，隨意分離，一定難以有所發展，你要明白，他既然取得代為指揮的地位，在他的前後左右都是他的羽翼，有些是他特地安排的，

有些則是中途依附的，這些人早已布成勢力網。在這種情況下，除非他的野心暴露，導致人心思漢，你才能有所作為。

(3) 與熱忱的上司打交道，採取不即不離的方式

你如果遇到熱情的上司，遇到他對你表示特別好感時，不要完全相信而認為相見恨晚，必須明白他的熱情並不會持久，要保持受寵不驚的常態，採取不即不離的方式。「不即」可使他熱情上升的走勢得以緩和，不致在短時間內達到頂點，同時延長了彼此親熱的時間；「不離」可使他不感失望。「君子之交淡如水」，對於熱情的上司，最好就是用這種方法。如果你有所主張或建議，也要用零售的方法，而不要批發販賣，如此才能使他對你時時都感到新鮮。對於他所提的辦法，你認為對的，趕快去做，否則夜長夢多，過了時機他會反悔的；你認為不對的，不必當面爭辯，只要口頭接受，手中不動，過些時間他自知不妥就不再提起了。

總之，對熱情的上司只能用不即不離的方法。萬一他的情緒低落，你就安之若素，靜待適當機會，再促其感情回升。他的感情好像鐘擺搖盪，盪了過去，還會再盪回來的。除非你們之間發生誤會，彼此間多了一重障礙，才不會再回到原處。

(4) 與豪爽的上司打交道，要突出自己的能力

如果你遇到的是豪爽的上司，那真是值得慶幸。只要善於利用你的能力，表現出過人的工作成績，絕對不會沒有發展的機會。他自己長於才氣，所以最愛有才氣的人。唯英雄能識英雄，你是英雄，不怕他不賞識你；唯英

雄能用英雄，你是英雄，不怕他不提拔你。

你在機會未到時，仍很愉快地工作，並做得又快又好。這表示了你有遊刃有餘的能力。同時還要隨處留心眼，一旦發現可以異軍突起的機會時，就要好好把握。切記所計劃的一切要十分周詳，然後伺機提出，只要一經採用便可脫穎而出。意見被採用，表示你有說服力，若再委託你來執行，更足以說明你的能力已被肯定。

你的發展，既然已有了好的開端，路子也已經摸準，那麼只要一步一步地走上去，遲早會出人頭地，不必操之過急。

(5) 與傲慢的上司打交道，要謹守職位

傲慢的人，多半有足以傲慢的條件。失去了這個條件，傲慢也會一反其從前之所為;擁有了這個條件，謙遜者也會改變其常態。可見傲慢是後天的，不是先天的，而是環境所造成的。這種足以改變一個人個性的環境，一是挾富，一是挾貴。

你的上司如果是個傲慢的人，與其向他取寵獻媚，自汙人格，不如謹守職位，落落寡合。這樣，他雖然傲慢，但為自己的事業考慮，也不能專養那些勢利的小人，完全排斥求功的君子。一有機會，你就該表現出你獨特的本領，只要你是個人才，不愁他不對你另眼相看。

(6) 與陰險的上司打交道，要小心謹慎

陰險的人，城府極深，對於不如意事，好施報復;對於不如意人，設法剪除。由疑生忌，由恨生狠，輕拳還重拳，且以先下手為強，寧可打錯了好

人，也不肯放鬆了壞人，抱著與其人負我，不如我負人的觀念。不疑則已，疑則莫解。其人喜怒不形於色，怒之極，反有喜悅的假象，使你毫無防範。

總之，陰險的人絕不會採用直接報復的手段，而總是使用計謀。如果你的上司，不幸就是這種人的話，你只有如臨深淵，如履薄冰，兢兢業業，一切唯上司的馬首是瞻，賣盡你的力，隱藏你的智。賣力易得其歡心，隱智易使其輕你，輕你自不會防你，輕你自不會忌你。如此一來，或許倒可以相安無事。像這種地方原就不是好的久居之所，如果希望有所表現的話，勸你還是做好遠走高飛的打算。

找貴人扶持，事半功倍

人在尚未功成名就之時，難免需要有人助你一臂之力，所以，要自己事業盡快達到頂峰，尋找一位貴人相助，也未嘗不可。

有句話說，七分努力，三分機運。我們一直相信努力的價值，但偏偏有些人是努力了也不見得贏，關鍵在於缺少貴人相助，在攀向事業高峰的過程中，貴人相助往往是不可缺少的一環，有了貴人，不僅能替你加分，還能加大你成功的籌碼。

你離鄉背井，初到一個陌生的地方謀生，不知何處才是落腳之地，就在你感到茫然無助的時候，遇到一位好心人替你指點迷津，解決了你的難題。

除非你的運氣特別不好，否則，在你的一生中，總會碰到幾個貴人。例如，你在工作中一直不是很順利，表現不佳，心灰意冷之時，你開始想打退堂鼓，你的一位上司卻在這時候推了你一把，設法幫助你跨過了門檻，重燃你的鬥志。

第 5 章　織好人際關係網—借助別人的力量去成功

　　貴人可能是指某位身居高位的人，也可能是指令你仰慕已久而想要效法的對象，無論在經驗、專長、知識、技能等各方面都比你略勝一籌。因此，他們也許是師傅，也許是教練，或者是引薦人。

　　有貴人相助，的確對事業有益。有一份調查表明，凡是做到中、高級以上的主管，有 90% 的都受過栽培；至於做到總經理的，有 80% 遇過貴人；自當老闆創業的，竟然 100% 全部都曾被人提拔過。

　　無論在何種行業，「老馬帶路」向來是傳統。目的不外乎是想栽培後進，儲備接棒人才，這些例子在體育界、藝術界、政界都很多。

　　話雖如此，但若要被貴人相中，首要條件還是在於，被「保送」上層的人究竟有沒有兩把刷子。俗話說：「師父領進門，修行在個人。」如果你一無所長，卻僥倖得到一個不錯的位置，保證後面有一堆人等著想看你的笑話。畢竟，千里馬的表現好壞與否，代表伯樂的識人之力。找到一個扶不起的阿斗，對貴人的薦人能力，也是一大諷刺。

　　除了真正是基於愛才、惜才之外，一般而言，貴人出手，多少都帶有一些私心，目的在於培養班子，鞏固勢力。但也有一些接班人羽翼豐盈之後，立刻另築他巢，導致與師傅不和，反目成仇，這類故事自古至今屢見不鮮。

　　好的伯樂與千里馬關係，最好是建立在彼此各取所需、各得其利的基礎上。這絕不是鼓勵唯利是圖，而是強調彼此以誠相待的態度，既然你有恩於我，他日我必投桃報李。

　　尋找貴人也要有點「心眼」，以下是必須謹記的：

1. 選一個你真正景仰的人，而不是你嫉妒的人，絕不要因為別人的權勢，而琵琶猶抱，另搭順風車。

2. 摸清貴人提拔你的動機。有些人專門喜歡找人為他做牛做馬，用來彰顯自己的身分。萬一出了事，這些人不僅撈不到好處，還可能成為替罪羔羊。

3. 要知恩圖報，飲水思源。有些人在受人提拔、功成名就之後，往往就想遮掩過去的蹤跡，口口聲聲說：「一切都是靠我自己。」一腳踢開照顧過他的人。如果你不想被別人指著鼻子大罵忘恩負義，就千萬別做這種傻事。

善於經營自己的貴人

「一分耕耘，一分收穫」，人際關係中，你為別人付出多少並非會得到同樣多，然而，你若用心去經營彼此的利益，結果或許會是另一種。

春播秋收，中間需要不斷地投入和辛苦地經營。人與人的關係同樣如此。要想從貴人那裡源源不斷地汲取精華，得到多個貴人的幫助，就必須用心經營，廣開門路。

背靠大樹，可以安身立命。但是，再大的樹也有經不住的風雨，要是死靠在一棵樹上，萬一風雲突變，可就禍及自身了。因此，為了保全性命，求得發展，不但要靠大樹，攀高枝，更要眼光靈活，視野開闊，為自己多留一條後路，別在一棵樹上吊死。

古語有云：「忠臣不事二主。」但是裴矩一生卻經歷了 3 個王朝，侍奉過 7 個主子，而且深得每個主子的喜愛，無論在北齊，還是在隋唐，他都能春風得意，官運亨通。難道他有做官的法寶？當然不是，他不過是懂得經營罷了。他在依附眼前主子的同時，眼觀六路，耳聽八方，替自己找到了一個又

第5章　織好人際關係網—借助別人的力量去成功

一個的靠山。

　　他看出隋煬帝是一個好大喜功的人，便想方設法挑動他拓邊擴土的野心。他不辭辛苦，親自深入西域各國，採訪各國的風俗習慣、山川狀況、民族分布、物產服裝等情況，撰寫了一本《西域圖記》，果然大得隋煬帝的歡心，隋煬帝一次便賞賜他500匹綢緞，每天將他召到御座旁，詳細詢問西域狀況，並將他升為黃門侍郎，讓他到西北地方處理與西域各國的事務。

　　他的確不負所望，說服了十幾個小國歸順了隋朝。

　　有一年，隋煬帝要到西北邊地巡視，裴矩不惜花費重金，說服西域27個國家的酋長佩珠戴玉、服錦衣繡、焚香奏樂、載歌載舞，拜謁於道旁，又命令當地男女百姓濃妝豔抹，縱情圍觀，隊伍綿延數十里，可謂盛況空前。隋煬帝大為高興，又將他升為銀青光祿大夫。

　　裴矩一看他這一手屢屢奏效，便越發別出心裁，勸請隋煬帝將天下四方各種奇技，諸如爬高竿、走鋼絲、相撲、摔跤以及鬥雞走馬等各種雜技玩耍，全都集中到東都洛陽，讓西域各國酋長使節觀看，以誇示國威，前後歷時一月之久。在這期間，他又在洛陽街頭大設帳篷，盛陳酒食，讓外國人隨意吃喝，醉飽而散，分文不取。當時外國的一些有識之士也看出這是浮誇，是打腫臉充胖子，隋煬帝卻十分滿意，對裴矩更是誇獎備至，說道：「裴矩是太了解我了，凡是他所奏請的，都是我早已想到的，但還沒等我說出來，他就先提出來了，如果不是對國家的事處處留心，怎麼能做到這一點？」於是一次又賜錢40萬，還有各種珍貴的毛皮及西域的寶物。

　　裴矩想方設法地巴結隋煬帝，在得到認可的同時，也達到了既富且貴的目的。然而，隋煬帝這棵大樹並沒有因為自己的虛榮炫耀而枝繁葉茂，相反，卻在一場曠日持久的遼東戰爭中耗盡了能量，走向了亡國的邊緣。

戰爭中的隋王朝怨聲四起，義兵滿布，隋煬帝困守揚州、一籌莫展之時，裴矩看出來，這個皇帝已是日暮途窮了，再一味地巴結他，對自己會有百害而無一利，他要轉舵了，將討好的目標轉向那些躁動不安的軍官士卒。他見了這些人總是低頭哈腰，哪怕是地位再低的官吏，他也總是笑臉相迎，他並且向隋煬帝建議：「陛下來揚州已經兩年了，士兵們在這裡形單影隻，也沒個貼心人，這不是長久之計，請陛下允許士兵在這裡娶妻成家，將揚州內外的孤女寡婦、女尼道姑發配給士兵，原來有私情來往的，一律予以承認！」

隋煬帝對這一建議十分讚賞，立即批准執行。士兵們更是皆大歡喜，對裴矩讚不絕口，紛紛說：「這是裴大人的恩惠啊！」到將士們發動政變，絞殺隋煬帝時，原來的一些寵臣都被亂兵殺死，唯獨裴矩，士兵們異口同聲說他是好人，得以倖免於難。

後來他幾經輾轉，投降了唐朝，在唐太宗時擔任吏部尚書。他看到唐太宗喜歡諫臣，於是搖身一變，也成了仗義執言、直言敢諫的忠臣了。

唐太宗對官吏貪贓受賄之事十分擔憂，決心加以禁絕，卻又苦於抓不住證據。有一次他派人故意向人送禮行賄，有一個掌管門禁的小官接受了一匹絹，太宗大怒，要將這個小官殺掉，裴矩諫阻道：「此人受賄，應當嚴懲。可是，陛下先以財物引誘，因此而行極刑，這叫做陷人以罪，恐怕不符合以禮義道德教導人的原則。」

唐太宗接受了他的意見，並召集臣僚說道：「裴矩能夠當眾表示不同的意見，而不是表面上順從而心存不滿。如果在每一件事情上都能這樣，還用擔心天下不會大治嗎？」

裴矩能夠在這樣一個動盪而又危機四伏的社會裡做到左右逢源、處處得

意，主要是因為他識時務，只要能提拔他、幫助他的人，他都盡力地去倚靠，為自己贏得了一次又一次的機會。

切莫輕視「小」人

你身邊有這樣的「小」人嗎？平常的確非常不顯眼，到了緊要關頭，你還得依靠他出面給予幫助。那你就要謹慎了，千萬別因為他是「小」人而「小」看了。

你如果像好高鶩遠者那樣愛瞧不起人，我打賭你連門都進不去。同理，你連彎一下腰去扶一下倒地的掃把都不屑做，那你連進公司門去打工的資格也沒獲得。忽視小人物，不屑做小事，你連入門都不能。

「小人物」也有自尊、人格及平等的人際交往權利。如果不顧這些，而對其予以小看、輕視，甚至羞辱、欺凌，招致對方不滿、憤怒是必然的。輕則會為交際活動製造障礙，增添麻煩，重則引發衝突，直至身傷命喪，現實生活中這類血的教訓還少嗎？

最普通的情景是進某部門的門時，誰如果不對看門人給予足夠的重視，總有一天或者是立刻就會吃苦頭。即使你是老闆也不例外，列寧被衛兵攔住時他只能表揚衛兵，陳勝不是被自己的車夫害了命嗎？張飛被自己的部屬五花大綁的情形的確應該記住才對。

其實，真正的大人物，一般不會輕視小人物。應該說，重視平凡的小人物正體現出了大人物的不平凡。其實在我們平凡的交際生活中，又何嘗能離得開小人物？小人物可以成為我們資訊的源泉，他們和我們交流，給我們支持、幫助，他們是我們工作、生活的夥伴。生為一個平凡的人，我們只能置

身於小人物之中。小人物是我們生存的基礎，我們又是小人物中的一員。

就一般情況而言，我們也許很難接觸到大人物，卻時刻離不開小人物，離開他們，寸步難行。況且人與人之間的關係是錯綜複雜的，小人物有時還會與大人物有著千絲萬縷的關連，甚至可能是大人物的親友、助手等，他們在一定程度上可以影響、左右大人物的言行。

有位推銷員，自以為打通了某廠長的關係，便不把該廠業務員放在眼裡，甚至言語上還多有不恭，使這名業務員的自尊心受到傷害。當廠長問到那位推銷員的產品時，這位業務員便說：「……這種產品算得上美觀，價格也還合理，不過品質上不敢保證。」就這樣「品質上不敢保證」一句話，竟動搖了廠長的決定。結果那位推銷員無功而返。

再有，大人眼中的小人物——孩子，也千萬不可忽視。現今，孩子們哪一個不是家長心目中的心肝寶貝？忽視了他們就等於忽視了他們的家長，怎能不影響你與其家長的交際關係？

此外，小人物與大人物相比，還有其獨特的優勢。他們擁有較為寬裕、彈性高的時間，機動性強，所受限制少，有些話他們更好說，事也更好辦。「縣官不如現管。」許多具體事務，需要由他們直接辦理。「過河的卒子，能制死老將。」小人物處在某種關鍵的位置，有時大人物也奈何不了。

所以，重視小人物的策略是，我們即使在心裡對某些小人物確實不以為然，也應該在面子上表示應有的尊重，忍著任性的衝動，才能夠做好事情，減小阻力。我們對待小事情的態度應該和對待小人物一樣，要留著一根不忽視的弦，以免因小失大。

不把朋友當拐杖

「有難同當，有福同享」是朋友的真心，在與朋友相處中，友誼是純潔的，但切勿濫用凡事「靠」朋友這招來逼迫朋友為你辦事。

張超是個很講義氣的年輕人，大學畢業後從事公務員。自從成了家有了孩子之後，他越來越有一種負疚感：自己是不是那種寡情薄義之人？他越來越怕接到朋友或家鄉故人的電話或來信，內容無非是說，「我某時要到你那兒，幫忙買張票」，「幫忙聯絡一下醫生」，「陪我逛逛百貨公司」，「吃頓飯聊聊」。你要問這些事有多難，也確實沒多難，你要是說這些都是小事，事後卻總是筋疲力盡。

張超的感覺其實沒有任何錯，錯出在他的朋友身上。

人扮演主體在與周圍客體接觸的時候，總發現有的客體能夠滿足他的需要，而有的則滿足不了，他總是會選擇前者進行交往，選擇標準便是自我需要滿足的得與失。所以，把做生意視為「一手交錢，一手交貨」的純粹功利交換的商人，一定會為忽視了人情而付出代價；而將朋友視為可以不講條件，向朋友提出各種要求的人，也一定會為損害朋友的利益而付出代價。

真正的友誼不在於共用歡樂或無微不至的關懷照顧，而在於危機時的關心、指點、理解與支援。關鍵的朋友要留到關鍵的時候再求他幫助，不要把他們的善意濫用在無關緊要的事情上，就像遇到危險之前要保持火藥乾燥。倘若你迫不及待讓朋友為你辦事，日後還有什麼能讓他為你做呢？能夠幫你的朋友比一切都珍貴，絕不應隨便消耗。

友情確實可以成為我們在社會生活中的動力機器，但它畢竟馬力有限，需要不時加油。為了讓它發揮功效，正常運轉，請注意別讓友情超載：

1. 給別人愛你的理由。傳統的友情依賴總是抱有一種不講道理的設定：「是朋友就該如何如何。」事實上，任何人都沒有這種必須幫助你的義務，假若你夠朋友，你就不該要求別人如何如何，在友情的邏輯中，上述設定應更改為「只有如何如何，才能交上朋友」。

2. 計較得失是正常的。一個健康的個體必然充分注重保護自己各方面的權利，他總是希望得到有價值的東西，選擇對自己有價值的人交往，想維持與別人的友情，就要讓別人感到交往是對他有利的。許多人常常為功利與情義而糾纏不清，總想把自己真實的動機掩蓋起來，其結果反而是兩敗俱傷、一無所獲。要記住，積極健康的個體並非無私無欲，但能取之有道。

3. 注意到朋友的另一種付出。都市人的生活就像軍營一樣，上班、下班、吃飯、熄燈都是整齊劃一的。不同的是，這種秩序不是靠紀律而是靠生產和生活方式決定的。你找都市裡的朋友幫忙時，或許沒耗費他們的金錢與精力，但卻可能打亂了他正常的生活秩序，為了買一張車票，要耽誤工作而且欠人情；為了陪你吃飯，沒空接孩子，妻子不高興……朋友也許不好意思說他的付出與犧牲，但你若將這一切視為當然或應該，時間久了，你就不會有朋友了，因為你的思維中心始終只是自己。

　　要想友誼地久天長，就要相互理解體諒。無論在哪裡，都不能「靠」朋友。你把朋友當拐杖則是貶低朋友，利用朋友的情義。

一兩的尊重能換回一斤

　　人際交往圈裡，每個人都需要他人的尊重，哪怕是那極其細微的一個眼神，一句平淡的問候，也希望有人能給予，你給了他也不會吃虧，因為一兩

的給予或許可以得到一斤的回報。

尊重你遇到的每一個人，原因有兩個：第一他們需要尊重，第二你會為此得到更多的尊重。

尊重意味著不要再漠視別人，而是學會對別人產生興趣。你若對別人產生興趣，在兩個月的時間內你交到的朋友比使別人對你產生興趣，在兩年的時間內所交的還多。

但是多數人所存在的觀念是要別人先對他們發生興趣。

這絕對是個錯的想法。人們對你不發生興趣，對我也不發生興趣，他們對他們自己發生興趣。

紐約電話公司曾做了一個關於電話談話的詳細研究，以求得最常用的字是什麼。或許你已經猜到了，那就是人稱代詞「我」，那是在 500 次電話談論中曾用過 3,990 次的「我」。

一張集體合照，你會在照片上先看誰呢？你的答案恐怕仍是「我」。

如果你只是在等著別人對你先發生興趣，那到頭來你永遠不會得到真誠的朋友。

維也納的著名心理學家阿德勒曾在他寫的《生活對你的意義》這本書中說：「對別人不感興趣的人，生活中困難最大，對別人的損害也最大。」

幾乎所有人類的失敗，都在對別人不感興趣的這類人中發生。

魔術之王霍華‧薩斯頓同時也被譽為魔術師的領袖，40 年周遊世界，一再造成幻象，迷惑觀眾，使人驚奇。6,000 萬以上的人付費入場觀看他的表演，而他獲利約有 200 萬元。

有人請教他成功的祕訣。他說他的學校教育絕對與此無關，因為他在幼

年時候離家出走，變成一個流浪者，乘坐貨車，睡在草堆上，挨門討飯，在車中觀看鐵路沿線的看板而學習識字。

　　他並沒有高人一等的魔術知識，但他所寫的關於魔術的書卻有數百種之多。關於魔術，有數十人知道的與他一樣多。但他有兩種本事是別人沒有的：第一，他有使他的人格魅力傳達到臺下的能力。他是表演家中的巨擘，他懂得人情。但凡他所做的每種手勢，每種聲調，每種眼神，都經預先演習。而他的動作，都分秒不差。第二，除此之外，薩斯頓對人有真實的興趣。他說，許多魔術師看著觀眾對自己說：「好，那裡是一群天真的人們，一群笨蛋，我可以好好地騙他們一下。」但薩斯頓的方法完全不同，每次他上臺時，他對自己說：「我因這些人看我而滿懷感謝，他們使我能舒適地生活，我將盡力把最好的給他們。」他聲稱他每次上臺之前無數次地對自己說：「我愛我的觀眾，我愛我的觀眾。」

　　這裡還有一個美國總統老羅斯福的故事。他的黑人侍從詹姆士‧E‧愛默士（James E. Amos）曾寫過一本關於他的書，名為《西奧多‧羅斯福：僕從的英雄》（Theodore Roosevelt, Hero of His Valet，暫譯，台灣未出版）。在那本書中，愛默士列舉了一件精彩的事：

　　「有一次，我的妻子問總統關於鶉鳥的事。她從來沒有見過這種鳥，他對她詳細地講述了一番。過些時候，我房間裡的電話響了。（愛默士和他的妻子住在羅斯福住宅裡的一間小屋裡。）我的妻子接電話，而打電話的就是羅斯福先生。他說，他打電話是告訴她，她的窗外有一隻鶉鳥，如果她向外看，她可看見牠。像這樣的小事情正是他的一種特點。無論什麼時候，他經過我們的屋舍，他看不見我們，我們仍可聽得見『嗨，安妮！』或『嗨，詹姆士！』的招呼聲。那是他每次經過時的一種友善的問候。」

第 5 章　織好人際關係網—借助別人的力量去成功

議員們如何能不喜歡那樣的人？誰能不喜歡他呢？

羅斯福有一天到白宮拜訪，正值塔夫特總統和夫人外出。他從不輕視地位卑微的人，從他對白宮裡所有的僕役甚至做雜務的女僕呼名問好，就足以證明這一點。

「當他看見廚房女僕愛莉絲的時候，」塔夫特總統的侍從亞契·巴特（Archie Butt）曾記載說，「他問她是否仍做玉米麵包。愛麗絲告訴他說，她有時候是為僕役們做，但樓上沒有人吃。」

「『他們沒有好口味，』羅斯福大聲說，『我見到總統時，要這樣告訴他。』

「愛莉絲取了一塊，放在盤上遞給他，他邊走邊吃，並向途中遇見的園丁問好……

「他對各人的稱呼，正如他從前慣於稱呼的一樣。他們仍彼此低聲談論這事，僕人們眼中含淚說：『這是我們在差不多兩年中唯一最快樂的一天，在我們之間，誰也不肯將此刻與一張 100 元的鈔票相交換。』」

人類天性中最深切的動力是做個重要人物的欲望，請對方幫你一個忙，不但能使他感受到自己的作用，也能使你贏得友誼與合作。

富蘭克林利用這項原則，將敵人變成了朋友。當時，富蘭克林還是一個年輕人，他把所有的積蓄都投資在一家印刷廠裡。他又想辦法使自己獲選為費城州議會的文書辦事員。這樣一來，他就可以獲得為議會印檔案的工作。那樣可以獲利很多，因此他當然不願意失去文書辦事員的好職務。

可是出現了一項不利的情況，一位元議會中最有錢又最能幹的議員卻非常不喜歡富蘭克林。他不但不喜歡富蘭克林，還公開責罵他。這種情形非常

危險，因此，富蘭克林決心使對方喜歡他。

難道給敵人一些小恩小惠就能解決這道難題嗎？不能，反而會引起他的疑心，他甚至會輕視你。

富蘭克林太聰明了，不會弄出那樣的窘境。於是，他採取了一個相反的辦法，他去請求敵人來幫他一個小忙。

富蘭克林做了一件使敵人高興的事，請求他的敵人借給他一本書，使敵人的虛榮心得到了滿足，使他覺得獲得了尊重。這項請求，很巧妙地表示出富蘭克林對對方的知識和成就的仰慕。

下面就是富蘭克林自己的敘述：

「聽說他的圖書室裡藏有一本非常稀奇而特殊的書，我就向他寫一封便條紙，表示我非常想一睹為快，請求他把那本書借給我幾天，好讓我仔細地閱讀一遍。

他馬上叫人把那本書送來了。過了大約一個星期的時間，我把那本書還給他，還附上一封信，強烈地表示我的謝意。

於是，下次當我們在議會裡相遇的時候，他居然跟我打招呼（他以前從來就沒有那樣做過），並且極為有禮。自那以後，他隨時樂意幫忙，於是我們變成很好的朋友，一直到他去世為止。」

富蘭克林所調動的心理機制，也就是請求別人幫你忙的方法，時至今日仍然十分有效。

切忌交淺言深

生活中，有些人為了顯示自己的熱情，而對初識不久的人交出一顆真

心，這是人際交往中的大忌。

「交淺」就是來往少，雙方不熟悉不了解；「言深」是把心裡話無保留地掏給對方。顯然這很危險，這也是做事不牢靠的表現，尤其這是剛剛走上工作職位的年輕人的通病。

初來乍到，一切都是陌生的，多觀察、多思考、少探聽、少說話是盡快適應新環境的最明智之舉。

先要多聽，聽會讓你確定別人想要什麼，他希望留給你什麼印象，或希望你喜歡他，還是尊敬他。重要的是你可以把那部分好事者從中擇出來。

某位先生剛剛調入某部門一個月，一個月來由於他處處小心做事，每每笑臉相迎，所以同事們對他的態度也很友善，竟不曾遇到他所擔心的任何麻煩。

一次他和一位同事談得很投機，便將一個月來看到的不順眼、不服氣的人和事，全部向這位同事傾訴而後快，甚至還批評了部門裡一兩個同事的錯誤，藉以發洩心中的悶氣。

不料由於對這位同事了解甚少，這位同事竟是個愛說長道短的人。不出幾日便將這些「惡言」轉達給了其他同事，立刻令這位先生狼狽不堪，也受到孤立，幾乎在部門裡沒了立足之地。直到此時這位先生才如夢初醒，後悔不該因一時激動沒管好自己的嘴巴，忘記了「來說是非者，必是是非人」這樣一個淺顯的道理。

你調入的部門越大，人際關係也就越複雜。大部門不像小部門，彼此關係一目了然。在大部門中利害關係複雜，容易產生一些派系問題。上司都希望得到屬下的支持，因此新進人員往往會捲入這場派系鬥爭中去。因此一個

新進人員必須多聽多看多了解部門內的人際關係，盡可能冷眼旁觀，不要捲入不良的派系鬥爭中，陷於被動。由此看來，初到新環境中，必須學會與同事保持一段距離，凡事採取中道而行，適可而止；在大家面前不要輕易顯露行動及言行，學習做個聆聽者；學會做到「人不犯我，我不犯人」，公平對待每一位同事，避免建立任何小圈子。對謠言一笑置之，深藏不露。只有如此才能盡快適應新環境，打開新局面，從而成為辦公室中的生存者，而非受害者。

給找你商量的人想要的回答

人在遇事左右為難之時，都會找自己最貼心的朋友商量，這時，扮演對方知心人的你，應當盡量贊同他的想法。

別人會來找你商量，基本上就是對你信賴，當然也代表著他對你有好感。如果想要進一步拉攏他的話，是不能錯失這個機會的。但是，根據他來找你商量的內容，想要給他正確的建議或回答，有時候是一件非常困難的事情。那麼，要怎麼做才好？

在這裡思考一下，人為什麼要找別人商量，答案就會慢慢浮現。

人在找別人商量時，通常自己都已經有個結論了。但是，這個結論是否妥當，並不確定。所以才會想找第三者商量，想要有個確認。或者，想要將自己的思考或結論正當化。為了這些原因，才找人商量。所以，當有人來找你商量什麼事情時，就只要設身處地地聽他說就好了。絕對不能在他敘述的時候插嘴，也不能說出像是「我覺得不是這樣」等否定對方想法的意見。在他說話的時候不斷地點頭表示同意，鼓勵他將所有的事情都講完，這樣一

來，對方到底是為了什麼事情在煩惱，想要怎麼做，就會很清楚了。

　　例如他來找你商量夫妻問題，如果到了最後你了解到對方是想要跟妻子離婚，你就只要回答「那就離婚吧」。如果是來找你商量換工作的事情，那就建議他「這樣的話，就先辭掉現在的工作吧」。

　　對方會因為得到的建議跟自己的想法是一樣的，而感到很滿足，並感謝願意陪他一起商量對策的人。

出其不意是籠絡別人的祕訣

　　在與人交往中，有籠絡別人這種「心機」的人，不一定是我們想要交的朋友。

　　所謂籠絡別人，就是將別人掌握在自己手中，並照著自己的意思來操縱。

　　有個女演員前往一個女作家所居住的城市旅行時，女作家招待她去吃飯。在愉快地用餐之後兩人相互道別，女作家說了聲「一路順風」之後便分道揚鑣了。然而在第二天，女作家突然又致電到她下榻的飯店，說哪天還要陪她到處看看。於是在那天道別的時候，女作家又說了「這次是真的再見了，一路順風」。然而到了她要返回的那天，到達車站月臺一看，女作家居然微笑著在那兒等候。

　　出乎意料的出現，令對方驚喜，讓她感動。這樣的方式做一次並不稀奇，但是一而再地使用同樣的做法，就相當稀奇了。

　　只是招待客人而已，卻做到這個程度，這不是普通人會做到的。這便是抓住人心籠絡別人的徹底做法。

做得這麼徹底來表現好意，大部分的人多半都會認為「她是多麼有誠意的人啊」，並且毫不排斥地便肯定接受她這樣的性格。但是，說難聽一點，這也可以說是暗地裡耍心機吧。可以徹底地做到這樣的人，是否就是真的壞，這姑且另當別論，但如果對方是別有用心，可就要小心了。

與對方的弱點同調，藉以抓住他的心

人與人之間原本都是有距離的，當你顧及到對方的弱點並採取方法為他解除憂慮時，你便適時地得到了對方的心。

一群感情不錯的中年婦女在咖啡廳聊天，偶然話題聊到了頭髮。

「最近，就連女人的頭髮好像也變少了，好像很多人都接過髮呢。」A 這麼說的時候，C 注意到 B 露出複雜的表情。於是 C 說：「我一直都沒有說，其實我的頭髮也有一點變少了呢。」B 一聽 C 這麼說，帶著驚訝的表情說：「嗯？ C 也是這樣的嗎？我也是呢！老實說，頭髮越來越少，一直很傷腦筋呢。」老實說，B 的頭髮比 C 的更少，C 自己先提出自己的頭髮變少，讓 B 稍感釋懷，因此可以很自然地表明其實自己是很在意頭髮變少的。

當有某件負面的事情正好與自己的情況相符時，人是會想要向別人表明的。或許別人早就已經知道，然而隱瞞著不說是很苦悶的，說出來的話，便會輕鬆許多。了解這種心理的 C，可說是了解人心的高手吧。

這在心理學上稱為「同調」。

通常，除非是非常親密的人，否則在禿頭的人面前談論頭髮，本身就是一個禁忌。「頭髮少」、「光滑」、「禿驢」等用語也都是禁忌。因為不想傷害對方，所以一般會避開頭髮的話題。

但是，對禿頭的人來說，因為別人都很明顯地想避開這些話題，所以內心反而很苦悶。何不幫他釋放這種苦悶？

即使是關於頭髮的話題也沒關係，在禿頭的人面前，也能輕描淡寫、大大方方地這樣說：「我的頭髮也明顯地變少了，相對的白髮卻變多了，才五十幾歲而已，看起來卻像是過了六十歲的老頭呢。」就這麼說。如此一來，在兩人之間，對方的禿頭情結就會得到釋放。

「不，你看起來還好啦。看看我的模樣，是不是比你更慘？」他雖然這麼回應你，但心裡應該是非常感激你的吧？再加上這麼一句：「比起我的白髮還好吧？因為你看起來比我還年輕啊！」對方或許會因此而認為你真是個好人，從而感激不已。即使關係是不那麼親密的客戶或工作物件，兩人的心應該可以因此而更拉近的。

這樣的說話方法，就是反向利用對方的弱點，是有點「耍心機」的手法。

不過，這樣的手法並不能使用在瞞天過海型（用一邊的頭髮蓋住禿的另一邊）或戴假髮的人身上，因為他們多半都認為自己的頭髮並不是那麼受到別人的注意，並且也不願意去承認這樣的事實。

善於利用孩子和老人

現實的社交中，總會有求於人的時候，此時，想達到你預想的目的，可以利用一下親切的老人和純真的孩子。

求人辦事，所求之人通常是承擔家庭生計的角色，剛好是「上有老，下有小」的年齡，所以在必要的時候，走一下老人、孩子路線，迂迴接近目的，拉近彼此的感情，的確是要花費心思的事情。

為什麼走老人和小孩的路線是比較理想的呢？

(1) 老人、小孩容易接近

老人因體力虛乏在家休養，或因年歲高而退職在家，沒有工作做，家務不被允許做，談話是心裡有想法而沒處傾訴（兒女上班少有時間；年輩相距甚遠，話難投機），因此，常常顯得孤寂。如果有人主動接近老人，哪怕是暫時解除老人的孤寂，老人自然非常樂意。再者，心理學表明，老年人比中青年人柔和、慈善得多，也容易接近。而小孩子純真，喜新、好奇、愛動。一句唐詩、一段故事、一個鬼臉、一聲哄捧就能很快贏得小孩的親近。

(2) 掌握老人和孩子的心理，讓他們喜歡和你接近

一般地說，老年人見多識廣，閱歷豐厚，精神倉庫裡貯藏有大量感性或理性的經驗產品，一有機會，他們總樂於滔滔傾訴，希望能影響、感動後人，也算獲得人生的哪怕些許的欣慰。

事實上，老人長年留住家中，這種滔滔傾訴故事、傳授經驗的機會實在很少，因此，老人的生理、心理便表現出極大限度的和善、平易。尤其對於年輕人，他們總樂於主動招呼、熱情交談。至於小孩，若你真誠地以童心相待，帶給小孩新奇歡樂，小孩會立刻把你當做孩子王崇拜、親近。一句話，老人、小孩由於特殊的生理和心理原因，他們喜歡與你接近。

(3) 通過老人、小孩達到融洽全家的目的

老人是長者，而社會多數人有敬老、尊老、孝老的傳統。假如老人心曠

131

神怡，全家隨之活躍和愉快。許多人又十分看重傳宗接代，視小孩為家庭的未來。況且現代家庭小孩多是獨生子女，家裡人更是寵溺，如果能和小孩相處融洽，家庭和諧自然是水到渠成。

　　走老人、孩子路線有以下幾點需要注意。

（1）多了解和積累相關知識

　　了解老人、小孩，除了感性的調查、觀察之外，平時也應適當地做知識的積累，通過報紙雜誌、電視電影等，積累有關老年健身知識、休閒知識，小孩遊戲知識、智力故事等，方便在絕佳時機借題發揮。一天晚上，小芳到某同事家做客，自我介紹後，小芳在一個 4 歲的女孩身旁坐下，笑盈盈地問：「小朋友上幼稚園了嗎？」小女孩睜大眼睛點點頭。「會拍手嗎？小皮球，香蕉油，滿地開花二十一 —— 」「我會拍手，我也要說！」小女孩一下子被逗樂了，伸出雙手便和小芳玩了起來。很快，小芳和小女孩打成一片，旁邊小女孩的爸爸媽媽也非常開心。

（2）主動親近，消除陌生感

　　談話是交際中資訊交流最直接的手段。進入一個家庭，見到老人、小孩，要想見一面便產生一見如故的融洽氣氛，訪客應該主動引出話題，而不應該等待家庭一方（老人、孩子）擠出話題勉強問答，因為雙方剛剛接觸的短時間內，訪客有心理準備更容易找到合適的話題，況且對於老人，你主動開口也表示了尊敬；對於小孩，你主動開口，能展現親近的態度，消除陌生感。

(3) 態度要謙虛還要謹慎

對老人務必態度謙恭、心性美善、行為禮讓。這一方面表現你的虛心、誠實，一方面顯出你對長者的尊重、敬仰。那種三言兩語就誇誇其談，將老人晾在一邊或踐踏在自己腳下的言行是萬萬不可的，結果只能遭到老人的冷漠待遇甚至趕出家門。小孩天性乖巧，歡樂容易，哭鬧也容易，稍有不適就可導致「風雨滿樓」。因此，和小孩交往，必須順應情境，投其所好，把握分寸。要用赤誠、童稚去換取歡悅，千萬不能居高臨下、裝腔作勢、虛情假意。

「迂迴包抄」之計的含義是靈活改變求人辦事的線路。遇到辦事不順之時，不妨用用你的「手腕」，動動他孩子的腦筋，打一打老人家的主意，是不可忽視的獲取好感、打通關係的絕妙辦法。

別人的朋友也是你的朋友

朋友是最寶貴的人際資源。如何快速積累朋友資源呢？生活中，擴大你的人際資源最快、最短的管道便是使別人的朋友也成為你的朋友。

多認識一些朋友多的人。每個人的人際圈是不一樣的，朋友的朋友也有可能成為你的朋友。這就如同數學的乘方，以這樣的方式來建立人脈網，速度是驚人的。

假如你認識一個人，他從來不跟你介紹他的朋友，但另外一個人說：「下星期我們有個聚會，你來參加我們的聚會吧。」你到了那個聚會，發現這些人都是五湖四海的人。朋友多的人和朋友少的人的附加價值是不一樣的。我們知道在交友圈中，朋友的介紹相當於信用擔保，朋友要把你介紹給其他

人，就意味著朋友是為他做擔保。基於這一點，你可以請你的朋友多介紹他的朋友給你認識。就像我們做客戶服務一樣，如果你的新客戶是一個很有信用的老客戶介紹的，這位新客戶一下子就會接受你或你的服務。

你會發現這樣積累人脈資源的成本是最低的，你不需要花更多的時間去做介紹，你不需要花更多的時間去請客吃飯，這些都省下來了。

我們思考問題通常只站在自己的角度，再好的個人，其實都有自私的一面，這是因為單個人總是有偏差和缺陷。所以，認識一些朋友多的人很重要的一點就是可以彌補我們個人在社會關係中的不足。

要認識一些朋友多的人，首先必須假定一個前提，我們所擁有的人脈就如同做生意，也是一種社會交換。我們跟朋友之間之所以可以維繫關係，是因為我們各自有可交換的東西，而且這種交換是不同價值的交換，是不同價值透過交換互補各自的需要的，而且對雙方都有意義的。

要想獲得朋友交友圈裡的資源，就要捨得奉獻你自己交友圈內擁有的資源。這既是開發人脈資源的一條重要法則，也是交朋友的又一項「手腕」。

送人情既要有分寸，又要講藝術

紛繁複雜的社會中，連送個人情也是有方法的，否則，你會落個自討沒趣的尷尬境地。

送人情絕不是件簡單的事情，這需要你時時、處處、事事皆留心。一個能把人情送出去的人，絕對是個懂得藝術的人，並不是做事毫無「手腕」的人。

做事有「手腕」的人知道送人情不僅要懂得分寸，更要懂得藝術。

　　送什麼，送多少，何時送，怎麼送，都大有學問。送得恰到好處是人情，送得不當是尷尬，不管是無意之中送的人情，還是有意送的人情，都有一個讓對方如何感受、如何認識的問題。送人情最重要的不在於你送的情分是否輕，而在於對方感受是否重。

　　所謂「千里送鵝毛，禮輕情義重」說的就是這個道理。通常世人最重視的人情則是雪中送炭、口渴遞水。別小看這「滴水之恩」，這樣的人情可得湧泉相報。

　　我們在社會上，內心都有一些需求，有的急有的緩，有的重要有的不重要。而我們在急需支援的時候遇到別人的幫助，則內心感激不盡，甚至終生不忘。瀕臨餓死時送一隻蘿蔔和富貴時送一座金山，就內心感受來說，完全不一樣。有某種愛好的人，遇到興趣相同的人則興奮不已，以此作為人生一大快樂。兩個人脾氣相投，就能交上朋友。所以要送人情，便應洞察此中滋味。

　　三國爭霸之前，周瑜並不得意，他只是曾在軍閥袁術部下為官，被袁術任命過一回小小的居巢長、一個小縣的縣令罷了。這時候地方上發生了饑荒，兵亂使糧食問題日漸嚴峻起來。居巢的百姓沒有糧食吃，就吃樹皮、草根，活活餓死了不少人，軍隊也餓得失去了戰鬥力。周瑜身為父母官，看到這悲慘情形急得心亂如麻，不知如何是好。有人獻計，說附近有個樂善好施的財主魯肅，他家素來富裕，想必囤積了不少糧食，不如去向他借。周瑜帶上人馬登門拜訪魯肅，剛剛寒暄完，周瑜就直接說：「不瞞老兄，小弟此次造訪，是想借點糧食。」魯肅一看周瑜丰儀俊朗，顯而易見是個才子，日後必成大器，他根本不在乎周瑜現在只是個小小的居巢長，哈哈大笑說：「此乃區區小事，我答應就是。」

第 5 章　織好人際關係網─借助別人的力量去成功

　　魯肅親自帶周瑜去查看糧倉，這時魯家存有兩倉糧食，穀三千斛，魯肅痛快地說：「也別提什麼借不借的，我把其中一倉送與你好了。」周瑜及其手下見他如此慷慨大方，都愣住了，要知道，在饑饉之年，糧食就是生命啊！周瑜被魯肅的言行深深感動了，兩人當下就交上了朋友。

　　後來周瑜發達了，當上了將軍，他牢記魯肅恩德，將他推薦給孫權，魯肅終於得到了成就事業的機會。

　　人對雪中送炭之人總是懷有特殊的好感。有個朋友這麼說：「我有一位朋友，我每次需要幫助的時候，他一定出現。例如，我有急事要用車或上班快遲到時需要用車，只要我打個電話他一定到，可以說每求必應，事情一過去，我們又各忙各的。到過年過節的時候，我總是忘不了向他寄一張賀卡，發訊息向他拜個年。」

　　對身處困境的人僅僅有同情之心是不夠的，應給予具體的幫助，使其渡過難關，這種雪中送炭、分憂解難的行為最易引起對方的感激之情，因而形成友情。比如，一個農民做生意賠了本，他向幾位朋友借錢，都遭回絕。後來他向一位平時交往不多的鄉民求援，在他說明情況之後，對方毫不猶豫地借錢給他，使他渡過難關，他打從內心裡感激。後來，他發達了，依然不忘這一段借錢的交情，常常給予對方特別的關照。

　　以下幾點，在送人情時，可供大家借鑑：

1. 不可過分給予。因為飲足井水者，往往離井而去，所以你應該適度地控制，讓他總是有點渴，以便使其對你產生依賴感，一旦對你失去依賴感，或許就不再對你畢恭畢敬了。

2. 如果你是位領導者，你手下有一些員工，他們都希望能通過你得到一些好處，你應該怎樣賜予他們人情呢？一是要經常地賜給他們一點好處，

但不可以一下子全部滿足他們的欲望，否則，對你傾囊施與的恩惠，他們便不再看重了。

3. 不要給別人過重的恩情，這會使人感到自卑乃至厭倦你，因為他一方面感到自己無法償還這份人情，二來覺得自己無能。

4. 不妨對別人施以小恩小惠，不要讓對方以為你在故意討好他，這樣一來，你施與的人情也就不值錢了。

5. 對方不需要時，不要「自作多情」，因為這時你送人情會讓對方感到多餘，對方可能不領你的情。

6. 送人情不能臨時抱佛腳。對方知道你有比較重要的麻煩或事情要拜託他，你遇事抱佛腳而施與人情也是不值錢的，最多只能把你拜託的事情完成，下次有事再請託時，還要重新送上情分，就像人情買賣一樣。倘若對方無能為力，或者你送的人情太小氣，無法償還對方所要付出的代價，對方也不會輕易領你這份情。甚至乾脆回絕你這份情，讓你自討沒趣或尷尬。

看來，送人情的學問真不小，一定要好好學習一下，否則，送了也不討好，何必白忙一場呢？

晴天留人情，雨天好借傘

爾虞我詐的生意場上，忙忙碌碌的人際圈中……總之，不論哪種場合裡，寧肯留個人情在，也不為貪眼前小利而忽略長期投資，是聰明人的所作所為。

人情冷暖、世態炎涼，平常朋友平常過。如果你是個懂得「手腕」的人，

第 5 章　織好人際關係網—借助別人的力量去成功

結交朋友不可急功近利。友情投資，宜走長線，拜拜冷廟，燒燒冷灶，平時多燒香，哪怕是隻言片語的問候，也是交友之道。

(1) 閒時多燒香，急時有人幫

現代人生活忙忙碌碌，沒有時間進行過多的應酬，日子一長，許多原本牢靠的關係就會變得鬆懈，朋友之間逐漸淡漠。這是很可惜的，這就需要我們大家一定要珍惜人與人之間寶貴的緣分，即使再忙，也別忘了聯繫感情。

有位剛去美國的朋友來信說：「我們在這裡沒有什麼社交生活，我們難得去看看朋友，這當然是因為我們初到異境，認識的朋友不多，但後來我聽說，其他的人也一樣……」

「我們每星期工作五天，星期六和星期天都去郊外，這是一種家庭式的生活。就是說，要去郊外，就跟自己的家人去。」

「我們不能利用假期去探望朋友，因為一到假期，誰都不在家，除非朋友患病在床……」

「平時我們也不可能利用下班後的時間去看朋友，因為交通太壅塞。」

「但我們常常和朋友通電話，這是我們唯一可以與朋友應酬的方法，我們沒事也打電話，哪怕是寒暄幾句，或者講些無關緊要的事。」

「但有事情時，我們會立刻聚在一起的，比方說上星期我兒子肚子痛，我急忙起來打電話替友人江醫生想辦法，他馬上駕汽車從 70 公里外趕到，初步診斷，認定他患了盲腸炎，就用他的車子送孩子進醫院做了手術……」

有事之時找朋友，人皆有之，無事之時找朋友，你可曾有過？

不知你有沒有過這樣的經驗：當你遇到了困難，你認為某人可以幫你解

決，你本想馬上找他，但後來想一想，過去有許多時候本來應該去看他的，結果都沒有去，現在有求於人就去找他，會不會太唐突了？甚至因為太唐突而遭到他的拒絕？

在這種情形之下，你不免有些後悔「閒時不燒香」了。

法國有一本名叫《小政治家必備》的書。書中教導那些有心在仕途上有所作為的人，必須起碼搜集 20 個將來最有可能做總理人的資料，並把它背得爛熟，然後有規律地按時去拜訪這些人，和他們保持較好的關係，這樣，當這些人之中的任何一個當上了總理，自然就容易記起你來，大有可能請你擔任一個部長的職位了。

這種手法看起來不大高明，但是非常合乎現實。一位政治家的回憶錄中提到：一位被委任組閣的人受命伊始，心情很是焦慮。因為一個政府的內閣起碼有七八位部長，如何去物色這麼多的人呢？這的確是一件難事，因為被選的人除了要有一定的才能、經驗之外，最要緊的一點，就是和自己有些交情。

和別人有交情才容易得人賞識，不然的話，任你有登天本事，別人也裝作不知道。

(2) 友情投資，宜走長線

做人做事，不可急功近利。友誼之花，須經年累月培養。

善於放長線釣大魚的人，看到大魚上鉤之後，總是不急著收線甩竿，把魚甩到岸上。因為這樣做，到頭來不僅可能抓不到魚，還可能把釣竿折斷。他會按捺下心頭的喜悅，不慌不忙地收幾下線，慢慢把魚拉近岸邊，一旦大

第 5 章　織好人際關係網—借助別人的力量去成功

魚掙扎，便又放鬆釣線，讓魚遊竄幾下，再慢慢收釣線。如此一收一弛，待到大魚精疲力竭，無力掙扎，才將牠拉近岸邊，用提網兜拽上岸。

求人也是一樣，如果逼得太緊，別人反而會一口回絕你的請求，只有耐心等待，才會有成功的喜訊。

據說，某中小企業的董事長長期承包那些大電器公司的工程，對這些公司的重要人物常施以小恩小惠，這位董事長的交際方式與一般企業家的交際方式的不同之處是：不僅奉承公司要人，對年輕的職員也殷勤款待。誰都知道，這位董事長並非無的放矢。事前，他總是想方設法將電器公司中各員工的學歷、人際關係、工作能力和業績，作一次全面的調查和了解，認為這個人大有所為，以後會成為該公司的要員時，不管他有多年輕，都會盡心款待。這位元董事長這樣做的目的是為日後獲得更多的利益做準備。這位董事長十分明白，十個欠他人情債的人當中總會有幾個能為他帶來意想不到的收益。他現在做的是虧本生意，日後會連本帶利地收回。

所以，當自己所看中的某位年輕職員晉升為科長時，他會立即跑去慶祝，贈送禮物，同時還邀請他到高級餐館用餐。年輕的科長很少去過這類場所，因此對他的這種盛情款待自然倍加感動。心想：我以前從未給過這位董事長任何好處，並且現在還沒有掌握重大交易的決策權，這位董事長真是位大好人。無形之中，這位年輕科長自然產生了感恩圖報的意識。正在受寵若驚之際，這位董事長卻說：「我們公司能有今日，完全是靠貴公司的抬舉，因此，我向你這位優秀的職員表示謝意，也是應該的。」這樣說的用意是不想讓這位職員有太大的心理負擔。

這樣，當有朝一日這些職員晉升至處長、經理等要職時，還記著這位董事長的恩惠，因此在生意競爭十分激烈的時期，許多公司倒閉的倒閉，破產

的破產，而這位董事長的公司卻仍舊生意興隆。其原因是由於他對平常關係投資多的結果。

　　縱觀這位董事長的放長線的「手腕」，的確有他老薑的辣味。這也揭示，求人交友要有長遠眼光，盡量少做臨時抱佛腳的買賣，而要注重有目標的長期感情投資。同時，放長線釣大魚，必須慧眼識英雄，才不至於將心血枉費在那些不中用的庸才身上，日後收不回本。

第5章　織好人際關係網—借助別人的力量去成功

第 6 章　因人制宜制服對手 ——

巧妙應對不同類型的人

第 6 章　因人制宜制服對手─巧妙應對不同類型的人

不能在他人面前與老闆過於親熱

人與人之間本來就是有一段距離的，尤其是與上司之間，哪怕你是備受歡迎的「忠臣」、老闆的朋友，也得注意，必要之時，保持一點點的距離也是種美妙的關係。

「君子之交淡如水」，這句話經常被人說，但我認為總是淡也不好，朋友在一起冷冰冰的，沒有什麼意思，所以這句話得與另一句話一起理解：「水至清則無魚，人至清則無友」，朋友之間還是該淡時淡、該濃時濃最好。

處理好人與人的距離，是處世的學問，而距離就在淡與濃之間，就看你如何去把握了。

你可以與你的老闆交朋友，但是在工作中，你與老闆的角色是不同的，不能以為自己是老闆的朋友就可以在部門或公司裡也稱兄道弟起來。老闆還怎麼工作？他怎麼去安排他人工作？他怎麼處理好大家的關係？他又如何區分工作人事上的是與非？有一個人，上班時喜歡拿著茶杯到老闆的身邊，找他吹牛聊天。公司來人，他也不迴避，仍舊坐在一旁，還不時地插幾句，嚴重地干擾了老闆與客人的交流。

像這個人，就是由於在與上司相處時沒有做到該淡時淡，使朋友關係對工作的負面影響增大。

如果你的老闆非常器重你，經常帶你出席各種社交場合，那麼，你千萬不要得寸進尺。保持適度的距離對你是有好處的。也許你發現你可能正在成為老闆的朋友甚至是兄弟，但是你應該把握好尺度。

任何一位老闆在對待下級問題上，都希望和下級保持良好關係，希望下級對他尊重、服從、喜歡。所以，當他願意和部下建立朋友關係、同事關係

的同時，在願意進行情感溝通的同時，總是不希望用朋友關係超越或取代上下級關係。也就是說，他必須保持自己一定的尊嚴和威信。

和老闆保持一定距離，還有一點需要注意，即注意處理交往的時間、場合、地點。有時在私下可談得多一些，但在公開場合，在工作關係中，就應有所避諱，有所收斂。否則，老闆做出對某個人的工作安排或者對某個人的處罰，就會讓當事者感覺有你的「陰謀」參與，到時候你吃不了兜著走。

老闆再親近部下也需要一定的威嚴。當眾與老闆稱兄道弟只能降低老闆的威信，並且其他的同事也開始把老闆的命令不當一回事。

當老闆發現他的工作越來越難做，而最終他發現是你破壞了他必要的威嚴時，那麼，等待你的將是被老闆疏遠。你更不要試圖更多地參與老闆的私人生活。隱私，對一個人來說是必要和重要的。也許老闆在某些時候，對你沒有什麼戒備，讓你進入了他的私生活，但你不可從此就隨便走進他的私生活。

當然，你能夠與老闆交上朋友，說明你與老闆的距離很近。但是，這種朋友關係的最佳狀態，是業務上的朋友和工作上的摯友。如果你能推動老闆在公司中的地位，你就是他最好的朋友。否則你就是個製造是非的人。

記住，老闆欣賞你，絕不是為了與你交朋友，而是讓你為他服務，創造效益。

同樣，讚美雖是調和人際關係的好辦法，但當著老闆的面直接予以誇讚，就不恰當了，極容易發生尷尬又很容易招致周圍同僚的反感、輕蔑，從而使自己樹敵太多。所以，讚美老闆最好是背地裡進行。這些讚美終有一天會傳到老闆耳中的。同樣，如果你說的是一些批評中傷的話，遲早也會被傳

出去的。一個精明能幹的老闆，即使在他管不到的部門內，也必定會有一兩名心腹的。

下班後相邀去喝酒應酬的，不見得全是同一部門的同事，這種情況下，即使是一個不經心的批評，也很容易被擴大渲染而傳入老闆的情報網。因此你不妨利用這些網，讓讚美的言詞流傳出去。一個人若連這點智慧都沒有，那他大概就很難升遷了！

而且和不同部門的人在一起，彼此沒有警戒心，較容易得到一些「幕後消息」。這種情報，往往對老闆是非常有價值的。經常收集這種情報給老闆，也是一種博取老闆歡心的好方法。

在顧客面前也是讚揚老闆的好場合。到客戶的公司，理所當然要向對方的高級主管或負責人稱讚自己的老闆。

和老闆一起到顧客那裡，若都是部屬一個勁地搶風頭，滔滔不絕，會令老闆覺得難堪，難免在心裡留下疙瘩。所以，最好的應對方式是細節部分由屬下做說明，結論部分由老闆來概括。

另外，以「老闆，您認為如何？」徵求老闆的許可、認同，看似降低自己身分，做了穿針引線的工作，實際上卻掌握了談話的主動權。

在歸途之中，要感謝老闆給你的這個機會，並強調是因為老闆的同行，才取得了這樣好的效果。日後如果與顧客達成了交易，要再次對老闆表達謝意，感謝老闆相助。

不要漠視小角色

在人生的舞臺上，每個人都是自己的主角，可是在刀光劍影的江湖中卻

有著角色的大小之分，然而你要擁有成功，就一定要重視平日裡被人忽視的那些小角色的存在。

在與人交往中不能存在歧視和偏見，否則一些本來最可以值得信賴的人卻因為你的冷落而離你而去。那些默默無聞的人也許正是有著敏銳目光的不凡之人，等待你去發現。

在一家大型港資企業，有一萬多名員工。朱小姐的工作是負責一個成品倉庫的進口貨物統計。一些人對她不太配合，明明可以由裝卸工驗點的報告數字，朱小姐只是負責記錄，他們卻總是讓朱小姐自己去點驗填數，照道理說她完全可以向上司反映，但是她只是笑笑，主動去核查驗收。一次，出口部轉來一批貨品，要求馬上裝箱發往海外。依照慣例，這樣的貨品已有人核點過數量，統計員只需要照單記錄就行，但是朱小姐仍然重新點驗了一遍，發現數量好像不對。她告訴負責人，他們都不相信，覺得這麼多年來還從來沒有出現過差誤，一定是朱小姐的錯誤，而且，本部門只是負責裝箱發運，沒有覆核數量的責任，朱小姐完全是多管閒事。朱小姐也不爭，重新複點了兩遍，仍然發現數量不對，堅決不同意登記出貨。裝卸員警告朱小姐，這批貨可是發往公司最大的銷售商，如果時間耽擱了，誰也承擔不了責任。朱小姐堅決不簽名，以沉默回應同事們的嘲笑與指責。

第二天，出口部經理匆匆跑過來，焦急地問起那批貨品。人們猜想出口部一定是為貨物拖延不發著急了，紛紛等著看朱小姐的好戲。當出口部經理得知那批貨物還沒有發出時，焦慮的神色才輕鬆許多，連聲說：「這就好，這就好。」原來，由於工作失誤，這批貨確實少了幾個包件，訂購這批貨品的是公司最大的客戶，要求也最為苛刻，如果按這個差錯數量發過去，公司將承擔巨額賠償。幸虧朱小姐不怕別人冷嘲熱諷，堅信自己，承受住壓力，以

第6章　因人制宜制服對手—巧妙應對不同類型的人

一個小角色的風度，避免了一場「大災難」。

再來看一個小角色的威力。百事公司派史坦芬到加拿大分公司任總經理，正要離開紐約總部時，副總裁把一個很強壯的助手推薦給他。到任後，此人辦事很老練，又謹慎，時間一長，史坦芬很看重他，把他當作最信任的人使用。

史坦芬任期滿了準備回到總部，這個助手卻不想跟他一起回去，反而要求辭職離開百事公司。史坦芬覺得非常奇怪，問他為什麼要這樣做，那人回答：「我是副總裁身邊的助手，跟了他多年，我知道他的為人，他叫我跟著你，無非是讓我監視你。你幾年來在加拿大一直為公司忙著，並沒有出現什麼大差錯。我辭職後去老總們面前說你的好話，也就不會讓他們懷疑我是想以後在你手下工作。」

史坦芬聽後嚇壞了，好多天一想到這件事就心神不定，幸虧自己的確在工作上不敢有絲毫鬆懈，否則這樣的公正無私的助手把他在加拿大的所作所為都如實彙報給總裁，他就完蛋了，多嚇人啊！職位差一點就難保住了。

這個例子告訴我們，不可輕視身邊的那些「小人物」，在他們面前表現好非常重要。這些人平時不顯山不露水，但是到了關鍵時刻，說不定就會成為左右大局、決定生死的重磅炸彈。

當然，這不只是一家公司的一個事例，現實中確實有不少人被下級認真地監督著，若不知他們的厲害，不把他們放在眼裡，或者以為屬下只會保護自己，那就錯了，往往因此導致自己職位不保。所以在日常工作和生活中，重視屬下，注重和他們說話的策略，是與屬下保持良好關係的不可忽視的方面。

海曼先生曾向人講過他報復主管的故事：我曾經在公司的行銷部工作過，受盡了主管的氣，後來我找到總裁要求調換一份工作。總裁從人事部了解到我過去的業績不錯，便讓我做了祕書。按理說，此時行銷部主管應該認真反省一下，向我表示一下歉意，但這位主管沒把我放在眼裡，仍然對我懷恨在心。因此，每當我到行銷部了解業務情況要找主管的時候，他卻不予以合作，總是裝出一副無可奈何的樣子，回答說「無法安排」。所以，每當總裁關心到他的情況時，我每每連忙說「不、不」，說他工作如何如何的差勁，還目中無人，惡意地對待屬下，有著記恨的德性。

總裁認為這個主管腦袋有問題，不會有能力去發揮團隊的作用，於是免去了這位主管的職務。直到最後，主管也沒弄清是怎樣得罪了總裁先生。

所以說，處理好人際關係絕對不是一樁小事，越是屬下越是得罪不得。

平常無論是待人還是用人，一定要記住一句話：「把鮮花送給身邊所有的人，包括你心目中的小角色。」不要總是時時處處表現出高人一等的樣子，要知道，再有能力的人也不可能把所有的事情都辦好，再優秀的籃球運動員也不可能一個人贏得整場比賽。在任何工作中，人的因素至關重要，有了人才會有事業、有情義，同時也會帶來效益。

說不定，你眼中的小角色會在某個關鍵時刻影響你的前程和命運。

在某一家公司，一個部門的正副經理都是博士畢業生，年齡相仿，經歷差不多，都可謂極富才華。不同的是，一位經理為人和善，善於和員工交流。在日常工作中，對屬下恩威並施，分寸得當。在業務上嚴格要求，從不放鬆，但偶爾出了什麼差錯，他總能為屬下著想，為屬下分擔責任。出差回來，總是不忘帶點小禮物，給每一個屬下一份愛心。而另一位經理對屬下嚴厲有餘，溫情不足，有時甚至很不通情達理，缺少人情味。例如一位平

第6章　因人制宜制服對手—巧妙應對不同類型的人

時從不搞砸事情的員工因為父親急病而遲到了 5 分鐘，這位經理還是對他進行了嚴厲的批評，並處以罰款。不久，公司內部人事調整，前一位經理不但工作業績好，而且口碑甚佳，更符合一個高層領導者的條件，被提拔為公司副總經理。而後面那位經理儘管工作也做得不錯，但老闆認為他有失人情味的管理方式不利於籠絡人心，不利於留住人才，於是取消了原打算提攜他的意圖。

可見，小角色的力量匯在了一起，足以推翻任何一個大角色。所以你不要輕易得罪小角色，不要與人發生正面衝突，以免留下後患。要學會與小角色合作，展示自己的魅力。不要用實用主義的觀點去處理與小角色的關係，不要平時怠慢人家，等到你需要他們合作的時候才去動員他們。應記住：你平時花在他人身上的精力、時間都是具有長遠效益和潛在作用的。在不遠的一天，也許就在明天，你將得到加倍的回報。

對親信要慎用

身為一名管理者一定會擁有令自己信賴的屬下，可是，在用人方面，一定得慎用每個人，即使他已是自己的親信。

卓越的管理者認為，在待人用人上俱除一些錯誤的做法，不能因人設事，而要因事用人，也就是說通常先有了職位，然後再物色適合這個職位的人，只有這樣才能夠為公司延攬各種各樣不同的人才，也只有這樣才能使公司形成一種容忍不同人才的不同脾氣和個性的文化。

在這方面，美國奇異企業（GE, General Electric）前首席執行官傑克‧威爾許的觀點非常正確 —— 不允許任何破壞企業文化和企業價值觀的行為，

但可以容忍人的個性風格。實際上這也是求大同存小異，鼓勵這些差異的唯一方法。要容忍差異，企業的內部關係就必須要以任務為重點，而不以人為重點。機構成就的大小要以貢獻和完成任務的客觀標準來衡量。但是只有當職位不是因人而設的時候，這種衡量才有可能實現。否則重點就會立刻放在「誰是正確的」而不是放在「什麼是正確的」上面。而做人事決定時，也就不會只考慮「我是否喜歡這個人」、「可以接受這個人嗎」，而要考慮「他會出色地工作嗎」。

因人設事的結果，必然會產生許多恩怨和派系。而任何企業都受不了人事恩怨和派系摧殘，必須保證所做出的人事決定都是公平和公正的，否則就會趕走能幹的人才，或者損害人才的積極性。當然也不能因此而在引進人才時縮手縮腳，因為企業的確需要有各方面人才的不斷加盟，不斷進一步改良人才結構和隊伍，對機構進行必要的整合，否則就會缺乏應變革新的能力，也難以得到做出正確決策時所需要的不同意見的回饋。如果你想建立起第一流的管理隊伍，那麼你對同事和屬下通常就不能太過親密，因為這會影響你做出正確的用人決策，讓你變得感情用事或目光短淺。提拔人才應根據人的才能，而不能以自己的愛恨為根據，所以選拔人才應著眼於所選之人能否出色地工作，而不能著眼於所選之人是否順從己意。因此，為了確保能夠選用適當的人才，管理者就要對他們較近的同事保持適當的距離，當然不是讓你整天板著一個面孔去應對他們，而是不要產生任何個人感情方面的問題，這是不少民營企業老闆的通病 —— 某某對我好，某某對我不好。請記得，你需要的是能為你工作，替你賺錢的人，而不是馬屁精或哈巴狗。

林肯在當總統最初階段十分重視跟自己較為親近的朋友，可是，只有當他改變了他的這種做法，刻意和當時的戰爭部長埃德溫·斯坦頓保持一定距

第6章　因人制宜制服對手—巧妙應對不同類型的人

離時，他才真正成了一位卓有成效的國家管理者。羅斯福總統在內閣中幾乎就沒有什麼親密的朋友，即使是財政部長也沒有成為他的親信，不僅如此，他在所有非政府事務中，也沒有一個親近的朋友。

但是，這幾位成功的人物並非冷血動物，他們全都是熱心的人，他們也都渴望有好的人際關係，都有結交朋友和保持友誼的意願，只不過他們清楚地知道，他們的友誼只能存在於公務之外。他們知道，只要不是感情用事，那麼喜歡或讚賞某個人都是沒關係的。而與身邊的同事保持一定距離，才使得他們能夠建立起一支人人各有所長，而又工作出色的管理團隊。

當然，你也不能因此就將因人設事與因事用人絕對化。一刀切的做法不僅愚蠢，而且很危險，至少也會讓你失去不少的發展機會。任何事情都會有例外，特殊情況下因人設事也是必要和可行的，但通常必須在兩個前提下才能進行：一是不打亂現有機構建制，二是不需要對現有人事格局大動干戈。

上司面前會攬錯

聰明的屬下在上司面前會將錯誤攬給自己，而不會把上司推向火坑。

身為屬下，不僅要善於推功，還要善於攬過，兩者缺一不可。因為大多數上司願做大事，不願做小事；願做「好人」，而不願充當得罪別人的「壞人」；願領賞，不願受過。在評功論賞時，上司總是喜歡衝在前面，而犯了錯誤或有了過失後，一些上司卻想縮在後面。此時，就需要屬下出面，代替上司受過或承擔責任。

田叔是西漢初年人，曾經在劉邦的女婿張敖手下為官。一次張敖涉嫌與一樁謀殺皇帝的案子有關，被逮捕進京。劉邦頒下詔書說：「有敢隨張敖同行

的，就要誅滅他的三族！」

但田叔不計個人安危，剃光了頭髮，打扮成一副奴僕的模樣，隨張敖到長安服侍。後來案情查清，與張敖無關，田叔由此以忠愛其主而聞名。

漢武帝非常賞識田叔，便派他到魯國去出任相國。魯王是景帝的兒子，自恃皇子的特殊身分，驕縱放肆，掠取百姓財物。田叔一到任，來告魯王的多達百餘人，田叔不問青紅皂白，將帶頭告狀的 20 多人各打 50 大板，其餘的各打 20 大板，並怒斥告狀的百姓道：「魯王難道不是你們的主子嗎？你們怎麼敢告自己的主子？」

魯王聽了很是慚愧，便將王府的錢財拿出來一些交付田叔，讓他去償還給被搶掠的老百姓。田叔卻不受，說道：「大王奪取的東西而讓老臣去還，這豈不是使大王受惡名而我受美名嗎？還是大王自己去償還吧！」

魯王聽了心裡美滋滋的，連連誇讚田叔聰明能幹、辦事周到。

像田叔這樣，將功勞歸於上司，將過錯留給自己，哪一位上司會不喜歡他呢？

領導者管轄範圍的事情很多，但並不是每一件事情他都願意做，都願意出面，都願意插手，這就需要屬下在關鍵時刻能夠出面，為領導者平息事端，甚至出面護駕，替領導者分憂解難，這樣必能贏得他的信任和賞識。

一家飯店因產品品質問題，引起社會公眾的投訴。電視臺記者在這家飯店採訪時，最先碰到了該飯店經理的助理小王，小王最怕這種陣勢，怕被別人逼問，就對記者推脫道：「這件事我不清楚，我們經理正在辦公室，你們有什麼事直接去問他吧！」這下可好，記者闖進經理辦公室，把經理逮個正著，經理想躲也躲不開了，又毫無心理準備，只好硬著頭皮接受了採訪，事

後，經理得知小王不僅沒有為自己擋駕，還把自己推了出來，很是生氣，炒了小王魷魚。

在工作中，經常會有一些比較艱難而且出力不討好的任務，一般情況下上司也難以啟齒對屬下交代，只有靠一些心腹揣測上司的意思，然後硬著頭皮去做。做好了，上司心裡有數，但不一定有什麼明確的表揚；做得不好，上司怪罪就承受著，到時候上司會認帳的。可是在這種關鍵時刻不能擋駕反而出賣上司的人，上司就不會饒恕了。

打蛇打到七寸上

一身傲氣的人，必定是滿身霸氣的人，在待人處事中總是順著這種人是很危險的，相反，將勇氣拿出來反咬他一口，看他還傲到哪兒去。

傲慢的人不宜順著毛摸，而是應該抓住其要害、弱點好好修理一番，讓他知道狗眼看人低的代價，更能體會到你的厲害，不敢再傲慢造事了。

在人際交往中，有些人以自己的地位、學識、年齡等優勢而表現出一種傲氣，或者極端地蔑視他人，或者大肆地攻擊他人，有的甚至恣意地侮辱他人。

這種人的行為勢必為別人帶來不愉快或者嚴重地影響他人的情緒，因此，必須予以控制而不能讓其惡性地發展。那麼，怎樣對付這種傲氣的人呢？

(1) 攻其要害處

有時與傲者打交道，也可採取針鋒相對的方法，即以不卑不亢的態度，

抓住對方的要害予以指出，打掉他賴以生傲的資本，這時對方會從自身的利益出發，放下架子，認真地把你放在同等地位上交往。例如，1901 年，美國石油大王洛克斐勒的第二代小約翰·戴·洛克斐勒，代表父親與鋼鐵大王摩根談判關於炭礦梅薩區的買賣交易。摩根是一個傲慢專橫、喜歡支配人的人，不願意承認任何當代人物的平等地位。當他看到年僅 27 歲的小洛克斐勒走進他的辦公室時，摩根並不在意，繼續和一位同事談話，直到有人通報介紹後，摩根對年輕而長相虛弱的小洛克斐勒瞪著眼睛大聲說：「喔，你們要什麼價錢？」小洛克斐勒並沒有被摩根的盛氣凌人嚇倒，他盯著老摩根，禮貌地答道：「摩根先生，我看一定有一些誤會。不是我到這裡來出售，相反，我的理解是您想要買。」老摩根聽了年輕人的話，頓時目瞪口呆，沉默片刻，終於改變了聲調。最後，通過談判，摩根答應了洛克斐勒規定的售價。

在這次交際中，小洛克斐勒就是抓住了問題的關鍵：摩根急於要買下炭礦梅薩區，加以點化，從而既出其不意地直戳對方的要害，同時也表現出正面對決的勇氣和平等交往的尊嚴，使對方意識到自己應認真地平等地交流，交際進程就變成了坦途。

(2) 揭他的老底，利用他的弱點將其制服

英國駐日公使巴克斯是個傲氣十足的人，他在與日本外務大臣寺島宗常和陸軍大臣西鄉南州打交道時，常常表現出對他們不屑一顧的神態，並且還不時地嘲諷寺島宗常和西鄉南州。但是每當他碰到棘手的事情時，他總喜歡說一句話：「等我和法國公使談了之後再回答吧！」寺島宗常和西鄉南州商量決定抓住這句話攻擊一下巴克斯，使其改變這種傲氣十足的行為。一天，西鄉南州故意問巴克斯：「我很冒昧地問你一件事，英國到底是不是法國的屬

國呢？」

巴克斯聽後挺起胸膛傲慢無禮地回答說：「你這種說法太荒唐了。如果你是日本陸軍大臣的話，那麼完全應該知道英國不是法國的屬國，英國是世界最強大的君主立憲國！」

西鄉南州冷靜地說：「我以前也認為英國是個強大的獨立國，現在我卻不這樣認為了。」

巴克斯憤怒地質問道：「為什麼？」

西鄉南州從容地微笑著說：「其實也沒有什麼特別的事，只是因為每當我們代表政府和你談論到國際上的事務時，你總是說等你和法國公使討論後再回答。如果英國是個獨立國的話，為什麼要看法國的臉色行事呢？這麼看來，英國不是法國的附屬國又是什麼呢？」

傲氣十足的巴克斯被西鄉南州這一番話問得啞口無言。從此後他們互相討論問題時，巴克斯再也不敢傲氣十足了。

西鄉南州抓住其語言上的弱點所展開的攻勢而取得令人滿意的效果。毫無疑義，任何人都不可能是十全十美的，都難免有自己的弱點，而傲氣者一般都未發現自己的弱點，而一旦別人抓住其弱點攻擊其傲氣，使其看到自己的弱點，也就瓦解了其傲氣的資本。

(3) 巧設難關，難倒這高傲的傢伙

一些人自恃知識豐富、閱歷廣泛，因而目空一切，打從心底就瞧不起別人，表現出一股不可一世的傲氣。對付這種傲氣者只要巧妙地設置一個難題，就可抑制其傲氣，這是因為不管其知識多麼豐富，閱歷多麼廣泛，在這

個大千世界裡都畢竟是有限的，而其一旦發現自己也存在著知識缺陷，其傲氣自然就會煙消雲散了。

無疑，巧設難題抑制傲氣者，所設置的難題一定要是對方無法回答的問題，因為只有這樣，才能暴露對方的無知或者缺陷，從而挫其傲氣。如果設置的問題對方能夠回答，這樣不但不會挫其傲氣，相反地更會助長其傲氣而使自己更處於難堪的境地。

我們採取上述方法對付傲氣者，其目的是為了使其改變影響人際關係的不正常因素，促使其與他人正常地交往，因此在運用這些方法時一定要抱著與人為善的態度，萬萬不可嘲諷、譏笑，甚至侮辱他人的人格，否則就與我們的目的背道而馳了。

燉硬骨頭用軟火

「蘿蔔白菜，各有所愛。」同樣在社會生活中，軟硬皆會有人愛吃，而以軟化硬也並非不是一種好的辦事方法。

有時候，做同一件事，有的人能順利地完成，有的人卻感覺難以達成。差別如此懸殊，原因肯定不在他們的辦事能力大小上，而是在方法策略或態度上。

比如面對一件棘手的事，對手又是一個吃軟不吃硬的人，你就要考慮如何化解他的冥頑和僵硬。也許最好的辦法是收斂起一切有棱角的東西，把自己降到一個低下的位置。所謂燉硬骨頭用軟火，就是找準他的突破口，打動他心中柔軟的部分，事情可能就好辦多了。

在經濟蕭條時的美國某城市，一個 17 歲的女孩在她母親的支持下好不容

第 6 章　因人制宜制服對手—巧妙應對不同類型的人

易才找到一份在高級珠寶店當銷售員的工作，但還是試用期。新年快到了，店裡的工作特別忙，她工作得十分賣力，因為她聽經理對別人說有正式錄用她的意思。這天她把櫃檯裡的戒指拿出來整理，這時來了一位 30 歲左右的顧客，他一臉愁容，衣衫襤褸，他用一種貪婪的眼神盯著那些高級首飾。

「叮鈴鈴！」電話鈴響了，她急著去接電話，一不小心，把一個盒子碰翻了，六枚精美的鑽石戒指落到了地上。她慌忙四處尋找，撿起了其中的五枚，可是第六枚怎麼也找不著了。她急出了一身汗。這時，她看到那個 30 歲左右的男子正向門口走去，頓時，她知道了戒指在哪兒。當男子的手將要觸及門柄時，銷售員柔聲叫道：「對不起，先生！」

那男子轉過身來，兩人相視無言足足有一分鐘。「什麼事？」他問，臉上的肌肉在抽搐。

「先生，這是我的第一份工作，現在工作不好找，對嗎？」銷售員神色黯然地說。

男子久久地注視著她，終於，一絲微笑浮現在他的臉上，「是的，的確如此。」他回答，「但是我能肯定，妳會在這裡做得不錯。」

停了一下，他向前一步，把手伸給她：「我可以為妳祝福嗎？」

她也立刻伸出手，兩隻手緊緊地握在一起，她用低低的但很柔和的聲音說：「也祝你好運！」

他轉過身，慢慢走向門口，她目送他的身影消失在門外，轉身走向櫃檯，把手中的第六枚戒指放回原處。

這本是一起竊盜案，一般情況下，人們會採用抓住犯罪者的方法追回贓物。但銷售員沒有，她是用可憐的口吻，乞求犯罪者的良心發現，從而避免

了一場紛爭。不難想像,如果這位銷售員一旦聲張,偷竊者肯定不承認。其結果,不但自己要賠償損失,連那來之不易的工作也會因此丟失。

人皆有同情弱者之心,也都有在競爭中忽視弱者的下意識。以弱賺取同情在有些時候也能達到征服人的目的。而顯示出自己弱於對方的一面,就能有效地避免對方的戒備和爭鬥,兵法有云:「不戰而屈人之兵,乃善之善者也。」龜兔賽跑,烏龜之所以取勝,就是因為兔子犯了驕傲輕敵的大忌,把烏龜當成不堪一擊的弱者,以致失敗。而弱者也正好利用對方的這種心態而巧妙取勝。主動示弱是不氣傲的另一種表現,它更進一步地發揮了心高不氣傲的作用和好處。因此,我們在做人辦事中有必要掌握這種技巧,更重要的是把它培養成一種心態和習慣。

越跩的人越愛聽好聽的話

要對付那些倡狂、愛耍酷,只要順著他意,給他不對稱的美言就好了。受得起與否,他自己心裡最清楚。

沒有比跩的人更難應付的了。跩,就是目中無人、傲慢無禮、狂妄自大、剛愎自用的表現。電視界有某個名人,在飛機即將起飛的時候還不將往後傾斜的椅子扶正,當空服員前去提醒時,還大發雷霆地說:「你這個笨蛋,小心工作不保!」

這種人恬不知恥地對自己的行為感到得意,還四處張揚。

因為有地位、名譽與財富,所以驕傲,而一般人也認為有權力的人就是會跩。總裁在公司或業界可以擺排場;飛機頭等艙的乘客因為付了很多錢,所以可以對空服員無禮。

第 6 章　因人制宜制服對手—巧妙應對不同類型的人

跩的人就是因為平常已經跩習慣了，就連對與自己的權力、財力毫無關聯的人也跩，簡直是愚蠢至極。

這種類型的人，或許就連一個人走在路上的時候也是會得意忘形的。搞不好對路邊的野貓也是跩得不得了。

不過，越跩的人越是膽小，如果平常不得意忘形的話，便會覺得沒有安全感。心理學說，跩的人就是借著跩來確認自己的存在價值，的確如此吧。

對這種人，不論他做什麼都對他讚美。就算他的鞋子和衣服不怎麼搭配，也要說：「今天穿的鞋子很好看呢。是義大利製的吧？你的品味果然與眾不同呢！」或者說：「你的想法果然與眾不同呢！真是獲益良多啊。光是能認識你，我就很幸運呢。」不僅是對方，就連說的人自己都會覺得面紅耳赤的阿諛之辭，不妨就厚著臉皮說出來。

就因為是很明顯的阿諛諂媚，對方或許也會這麼想：「難道他是在捉弄或取笑我？」就是要這樣才是達到效果了。讚美之後還是讚美，即使對方會感到有些疑惑，但因為被讚美所以心情會很好，而且，愛跩的人原本就喜歡別人奉承，所以就會像吸毒一樣越陷越深。這樣一來，就算是成功了。接著就看你怎麼擺布他了。

脅迫他人要語調平穩

威脅在人際交往中也存在某種技巧，只會河東獅吼的人對別人構不成威脅。

脅迫別人的時候，通常語調是粗暴的。例如：「你這個笨蛋，活得不耐煩啊！」

的確，大聲、粗暴的語調就是一般人對恫嚇這個行為的印象。

實際上，脅迫或者恐嚇，真正有效的並不是大聲或者粗暴地說話，而是平穩的語調。

平穩地，也不大聲，稍微壓低聲調，有如在勸說般輕聲細語地說：「再這樣下去，你會失去信用啦。不會有什麼大麻煩就好啦。」

時而假裝你感同身受，時而若有似無地戲弄，「落井下石」。不過，不要讓他感覺你是在戲弄他才好。

明明是在脅迫，卻又裝成是感同身受，或許你會覺得奇怪，不過這裡正是重點。用平穩的、溫和的聲音來責備，更能滲透對方內心，給予痛擊。所以，對方不是會感覺恐怖，而是會認真地思考。這樣一來，你的目的就達成了。你的脅迫可說是 99% 成功了。

順帶一提，大聲粗暴地脅迫，也只不過在最初的一兩次有效。在經歷了許多次之後，對方便會習慣，再也不會覺得害怕。

如果總是板著臉孔大聲斥罵屬下，而他們老早就習慣了，所以根本不會有什麼感覺，只會當作是嘈雜的背景音樂，並不理會你。

如何對付別人的侮辱

工作中與人翻臉是難免的事，不想被人輕易侮辱，就得先給他點厲害看看。

在工作上遭遇突如其來的侮辱，這是誰也避免不了的。

有種人明明不想將交情斷絕，但還是會毫不在意地侮辱別人，這種人還真不少見。

第6章　因人制宜制服對手—巧妙應對不同類型的人

　　平白無故被人侮辱的話，要怎麼辦才好？如果沒有任何的回應，對方或許會再次侮辱你也說不定。所謂侮辱，就是受到侮辱的一方認為，人與人的關係之間不可跨越的那條線被踩過了，所以必須讓對方知道這一點。

　　這時要立即轉變態度，採取嚴厲的姿態。不需要大聲，而是有意地以低沉的聲調堅決地說：「那是不能對別人說出口的，那是一種侮辱。」或者：「你的說法是一種侮辱，是不能原諒的。」

　　因為你的態度驟轉，對方一定會退縮。你的目的是讓他退縮，讓他感到壓力，所以不能大聲地怒斥，也沒有這個必要。萬一讓他以為你是在脅迫，日後對你只有壞處，不會有任何好處的。

　　所以，你必須用低沉的聲音說：「因為你侮辱了我，可以請你道歉嗎？」再進一步強調：「如果你不道歉，我是不會原諒你的。」

　　毫不在乎地侮辱別人的人，一旦遭到別人的侮辱，感受到的屈辱是無與倫比的。對於這種類型的人來說，要他道歉就是最大的屈辱，所以就要讓他體會遭受屈辱的滋味。這麼一來，以後他應該就不會再輕易地侮辱你了。

如何對付不講理的人

　　對待那些蠻橫不講理的人，應當用銳利的語言刀劍攻擊他的致命處。

　　別人要求你做一些不合道理的事情時，該怎麼應付才好？那就是戳他的死穴。

　　例如，與某人在工作上有所聯繫，但卻被要求做一些與合約不符的事情。

　　「彼此都已經約定是 1,000 萬元了，要改成 500 萬不是很奇怪嗎？」儘

管用正確的道理跟他溝通，還是行不通。最後，對方更是編了許多謊言和藉口，使得原本的爭論失去了焦點。

面對這樣的人，就只有找出他的最大弱點，並直攻要害。

不妨稍稍透露「我的大學朋友在有關單位擔任要職」這類的話就可以了。

因為，如果是經常違約的人，最害怕的就是被政府單位嚴加調查的可能性。

「我想這次的事情最好先通知他們，所以請告訴我你現在的住址。」這麼說的話，對方應該就會有所警惕，態度更會有 180 度的轉變。

而不管對方是不是犯法，調查出對方最不想讓他知道這件事情的人是誰，並委婉地給對方壓力：「你和×××好像很熟，這件事情，我想請×××也來了解一下。」這也是個方法。

如何對付沒有人情味的人

工作、生活中，人與人講的無外乎一個人情味。你來我往，別人有情，我有情，而對方無情時，我亦可學著你的無情。

有些人在工作時，即使是面對面也絕對不露出一點感情，到底心情好還是不好，實在看不出來。對於與之接洽的人的感覺如何，也無從了解。

當然，對於工作本身是贊成還是反對，是積極還是消極，態度也不明確。

這種人從頭到尾就是那樣的應對模式。對於感情與常識都很平常的人來說，和這種類型的人接觸或者說話，都是非常痛苦的事情，會一點都提不起勁。

第 6 章　因人制宜制服對手—巧妙應對不同類型的人

　　那麼，這類人對於工作也是馬馬虎虎的嗎？其實並非如此。他們相反多半都是狡猾、心思縝密，讓他抓到把柄就不得了的類型。比如說，他經常會看準了時機突然提出自己的意見，並挑出你的毛病，這是很可怕的。

　　那麼，應該怎麼應付才好？面對公務員式的應對，也採取公務員式的應對才是聰明的辦法。喜歡講道理的人怕喜歡講道理的人，教條式的人怕教條式的人，有情的人怕有情的人。人就是會對與自己同類型的人沒有招架之力。

　　你不妨從頭到尾都依憑道理說話，不要流於感情用事。對於這類人，用感情式的訴說是沒有什麼作用的。自己認為正當的事情條理分明地訴說，對方應該就會讓步的。

如何對付陽奉陰違的人

　　生活中，有的人往往在你身邊扮演著雙重角色，這類人需要你謹慎地防範。

　　生活中免不了會遇到這樣的人物，他當面奉承你，轉過身去卻嗤之以鼻；他為了取得你的喝采，事前就送上一兩下掌聲；為了取得你的庇護，他成天低聲下氣地圍著你打轉；他對你心懷不滿，但當面總是笑臉，背後卻到處搬弄是非……這類人物，有著兩張臉皮、雙重人格。與這樣的人打交道，你必然會感到艱難。

　　的確，有些人就是這樣圓滑世故、八面玲瓏，喜愛耍手段，甚至是吹吹拍拍、兩面三刀，有事沒事就放兩支冷箭。對此類行為若處理失當，很可能會使人際關係觸礁。

　　對於這樣的人，我們在與之相處的過程中，盡量不要去傷害他的自尊心，不去損害他們如此費心地保護著的那個面具上的自己，盡量不去得罪他，也不可以簡單地拒絕其肉麻的奉承，簡單拒絕只會傷害對方的自尊心，加速你觸礁的進程。

　　與這樣的人辦事，你要謹防被他的別有用心所利用。這就需要在與之交往的過程中，謹慎地劃出一條界限，剔除那些非原則的、損害他人的成分，抹去那些具有強烈私欲的色彩，在正當的利益上盡量滿足他，使他的自尊心、榮譽感也逐步地有所體現，並促使其良知自現。這樣就可以利用他的能力來為自己辦事。

如何對付爭強好勝的人

　　你就要出風頭是吧，我就偏偏不與你為伍。

　　在社會交往中，爭強好勝的人也不少。這種人狂妄自大，愛自我炫耀，自我表現欲非常強烈，總是力求證明自己比別人強，比別人正確。當遇到競爭對手時，總是想方設法地排擠人，不擇手段地打擊人，務求在各方面占上風。人們對這種人，雖然內心深處瞧不起，但是為了顧全大局，為了不傷人際的和氣，往往事事處處遷就他，讓著他。這樣的做法是不合適的。

　　「以和為貴」，這無疑是人際交往中一個重要的標準和目標。為了顧全大局，求大同，存小異，在某些方面做一些讓步是必要的。但如何去獲得「和」，則有不同的方式。「讓」是一條途徑，「爭」也不失為另一種必要的方式。殊不知，有些爭勝逞強的人並不能理解別人的謙讓，而以為真是自己了不起，因此而變本加厲地瞧不起別人，不尊重別人。對這樣的人，就不能一

味地遷就，而應該讓他知道天外有天，人外有人。

　　還應該看到，爭勝逞強的人當中，有屬於性格使然者，也有屬於社會化不夠的不諳世故者。後者常常是年輕人，對於他們，更多的應該是正面的引導和提點，開拓其眼界，增長其見識，這類人一旦成熟，一旦對社會有了初步認識，便會改變過去那種爭勝逞強的態度。

　　總之，遷就只適合那些比較有理智的人，而對於不明智的人，不妨挫挫其傲氣。

如何對付性情暴躁的人

　　性情暴躁的人通常很直率，直言不諱地與這類人相處是最明智的選擇。

　　所謂性情暴躁的人，通常指的是那種衝動，做事缺乏深思熟慮，喜歡感情用事，行動如疾風暴雨似的人，和這種人打交道應該謹慎，否則一有得罪，他便捶胸頓足，怒不可遏，甚至拳腳相見，實在是不划算。也正是這樣，許多人都不願意和性情暴躁的人來往。其實，這是一種對人認識不足的偏見。

　　當然，性情暴躁是一個缺點，它容易傷害人，並且常常表現為蠻橫無理。但是，這種人也有優點，而這正是我們與之交往的重要基礎。

　　首先，這種人常常比較直率，肚子裡有什麼，就表現出什麼，不會搞陰謀詭計，也不會背後算計人。他對某人有意見，會直截了當地提出來。所以，與其和那些城府較深的人相處，還不如與這種人打交道。

　　其次，這種人一般比較重義氣，重感情。只要你平時對他好，尊敬他，視他為朋友，他會加倍報答你，並維護你的利益。所以，和這種人交往，不

一定非要那麼客套，或講什麼大道理。你只要以誠相待，他必定以心相對。

最後，這種人還有一個特點，即喜歡聽奉承話、好話。所以，跟他相處時，宜多採用正面的方式，而謹慎運用反面的或批評的方式。這樣，往往可以取得更好的效果。

心不向著你的人，就找他商量私事

人都是有私欲私心的，坦白，是心靈純淨的一方領土，將自己的私事都呈出來了，還怕別人不往我這邊靠嗎？

生活中，有這樣的事情。已經認識很久的人，但並不是那麼親近，然而自從找他商量個人的煩惱之後，他就和自己親近起來了。可見，坦承自己的煩惱，也是自我展示的一種方法。對方來找自己談煩惱的事情，這也代表著他是信任自己的。

在這種情況下，僅止於坦承就好。例如，工作、異性或家庭關係上的煩惱等等，就像是一個人自言自語，不小心便說漏了嘴一般地說出來。

然後接下來要這麼說：「哎呀，我怎麼說出這種私人的事情，真是抱歉了。為什麼會跟你說這樣的事情呢？這樣的事情我可是從來沒有在別人面前說過啊。」

這樣的說辭會讓對方有「他只對我說」的優越感，以及會跟自己說「這麼重要的事情」的信賴感，因而對方會有這樣的解釋：「這就是因為他對我有好感的緣故。」

無論如何，找對方商量什麼事情或訴說自己的煩惱，便是一種常見的籠絡手法。

　　所以，如果你有想要籠絡的對象，卻不得其門而入的話，或者想要籠絡的那個人，卻總是心不向著你的話，就可以用商量某件事情為藉口來接近他。而商量的內容是關於工作的事情也好，私人的事情也好。認識的人想來商量什麼事情，會拒絕的人是不多的，所以這個方法其實是很有用的。

對被瞧不起的人更要親切對待

　　真正有「心機」的人對於那些被別人輕視而不放在眼中的冷落者，也會親切友好地對待。

　　在組織或團體當中，一定會有一兩個總是被領導者或其他夥伴輕視、瞧不起的人。

　　人處於團體當中，要學習在團體中保護自己的能力。不論是社會或什麼樣的團體，尤其是在組織當中，優劣的區別是很重要的。

　　在這樣的狀況中，比一般水準還要低下的人，是會被拿來當犧牲品的。

　　因為人性原本就是惡的，總愛找藉口或製造機會讓犧牲品的缺點或愚蠢顯得更加醒目，嘲笑他的無能，極盡凌虐之能事。

　　不少人在一對一的人際關係上是會親切待人的，然而一旦到了團體當中，性格便轉變了。這是因為保守本能、自衛本能發揮作用的緣故。

　　所以，在團體當中，如果不小心和受到集中炮火襲擊的犧牲品有相同意見、類似步調的話，有可能會被其他人視為同類。而人是絕對不想淪為被凌虐的對象的。人的本能以及經驗告訴他，靠向多數人的那一邊是比較安全的。

　　不過，有智慧的人是會站在被瞧不起的人那一邊的。大多數的人都將被

瞧不起的人當作犧牲品,而唯獨你用平常的態度與之接觸,總是被別人瞧不起的那個人,應該會對你抱有好的感情,心懷感激的吧?

在這種狀況下,對那些瞧不起人的人義正辭嚴地說「不可以瞧不起別人」,這是沒有用的,而且這麼正面衝突也不是什麼好對策。

在沒有其他人注意到的情況下,極為自然地、理所當然地親切對待那個被瞧不起的人,這是讓事情順利的要訣。在團體中一直被瞧不起的人,心中的怨恨是會累積的。太欺負人,總有一天就會受到報應。老是被欺負的人有一天突然爆發進行反撲,是經常耳聞的事情。

此外,從團體當中的虐待事件,可以看清團體中的人的惡劣之處或壞的一面,這些資訊或許在將來會有什麼用處也說不定。

對於在團體中被瞧不起的人,更應該很平常地、親切地對待,這才是真正的智慧。

第 6 章　因人制宜制服對手—巧妙應對不同類型的人

第 7 章　學會耍點「心計」——

做人不能太老實

第 7 章　學會耍點「心計」—做人不能太老實

該裝傻時要裝傻

在一場爭鬥中，想要得到最後的勝利，在結局未定之前，適當地耍點心機，裝一下傻，也是高人所採取的高招之一。

學學貓頭鷹，睜一隻眼，閉一隻眼，你說我糊塗，其實我不傻！

做人切忌恃才自傲，不知饒人。鋒芒太露易遭嫉恨，更容易樹敵。功高震主不知為多少臣子招致殺身之禍。有點「心眼」適時地裝傻，既能有效地保護自我，又能從容地觀察形勢，實在是一種聰明之舉。

商代末期，商紂王通宵喝酒而忘記了當天是什麼日子，問左右的人，都不知道，派人去問箕子，箕子對他的從人說：「身為一國的主人，而讓一國的人們都忘記了月日，國家就很危險了。一國的人都不知道，而只有我一個人知道，我也就很危險了。」於是對使者推辭說自己喝醉了酒，也記不清是什麼日子了。

齊國的隰斯彌去見田成子，田成子和他一起登上高臺向四面眺望。三面的視野都很暢通，只有南面被隰斯彌家的樹遮蔽了。

田成子當時也沒說什麼，隰斯彌回到家裡，叫人把樹砍倒，沒砍幾下，隰斯彌叫不要砍了。他的家人問：「您怎麼又這樣快改變主意了？」隰斯彌答道：「諺語說，知道深水中的魚是不吉祥的。田成子是有篡位野心的。如果我表現出能夠在精微處察覺事情的真相，那我必然會有危險了。不砍倒樹，未必有罪。而察知了別人的深沉心思，那罪過和危險就不得了。所以我才決定不把樹砍倒。」

有時候，裝傻也是迷惑敵人、以退為進的策略。

魏明帝曹睿死時，太子年幼，大將軍司馬懿與曹爽共同輔佐太子執政。

曹爽是皇室宗族，自從掌握大權後，野心勃勃，要獨攬大權，但司馬懿是三朝元老，功勞高，有威望，而且謀略過人，在朝廷中有相當大的勢力，因此，曹爽還不敢公開與司馬懿作對。

而司馬懿也想奪權，他早把曹爽的舉動看在眼裡，但表面上仍然裝糊塗，後來，乾脆稱病不上朝。

曹爽雖然一人獨攬朝廷大權，但他對司馬懿仍然不放心：司馬懿雖然自稱年老多病，不問朝政，然而他老奸巨猾，處事謹慎，誰知他是真有病還是假有病？當初武帝曹操創業的時候，聽說司馬懿胸懷韜略，多次派人請他出來為官，但司馬懿出身士族，自視高貴，瞧不起出身寒門的曹操，不願在曹操手下做官，就裝病在家。後來見曹操的勢力強大了，才出來跟隨曹操，為曹操出力。這一次患病，誰知道他是不是故技重施呢？因此，曹爽對司馬懿不敢掉以輕心，他經常派人打聽司馬懿的情況，但就是摸不到實情。

河南尹李勝討好曹爽，得到曹爽的信任，曹爽就把李勝召到京城，任命他為荊州刺史。李勝臨去上任時，曹爽安排李勝以探望為名，到司馬懿府中去探聽虛實。

李勝在客廳坐了很久，才見司馬懿衣冠不整，不斷地喘息著，由兩個侍女一左一右地架著，從內室慢慢走出。

李勝連忙站起身來，向司馬懿行禮問安。司馬懿的兒子司馬昭對李勝說：「李大人免禮罷，家父身體難以自行支撐，還要更衣。」

旁邊走過一個侍女，用盤子端著一套衣袍來到司馬懿面前，請司馬懿更衣。司馬懿顫顫抖抖地伸手去拿衣服，剛拿起衣服，他的手無力地往下一垂，衣服掉在了地上。侍女趕忙拾起衣服，幫司馬懿穿上，兩個侍女攙扶

著，小心地讓司馬懿躺著坐在躺椅裡。

司馬懿喘息了一會兒，慢慢地抬起右手，用手指指自己的嘴，上氣不接下氣地說：「喝 —— 粥 —— 」

一個侍女連忙出去，端著一碗粥來到司馬懿面前，司馬懿抖著手去接，然而他的手抖動得太厲害，最終還是拿不住碗，侍女只好端碗送到司馬懿的唇邊，用湯匙一小口一小口地把粥送進司馬懿口中。司馬懿的嘴慢慢地蠕動著，粥不斷地從嘴角流出來，流到下巴的鬍鬚上，又順著鬍鬚滴落在他的衣襟上。

喝著喝著，司馬懿突然咳嗽起來，嘴裡的粥噴了出來。不僅噴到他自己身上，還噴了餵粥的侍女一身。侍女放下手中的碗，拿過毛巾為司馬懿擦身上的粥，司馬懿嘆了一口氣，閉上眼睛。

李勝看見司馬懿這副樣子，就走上前去，對司馬懿說：「太傅，大家都說您的中風病復發了，沒想到您的身體竟這樣糟，我們真替您擔心！」

司馬懿慢慢地睜開眼睛，氣喘吁吁地說：「我老了，又患病在身，活不了多久了。我不放心的是我的兩個兒子，你今天來，我很高興。我以後就把兩個兒子託付給你了。」說著說著，眼中流下淚來。

李勝連忙解釋說：「太傅不必傷心，我們都盼著您早日康復呢。我馬上要到荊州赴任，今天特意來拜望您，向您辭行的。」

司馬懿故意裝糊塗，說：「什麼？你要去並州上任，並州靠近胡人，你去了要很好地加強戒備，防止胡人入侵。」

李勝見司馬懿年老耳聾，連話都聽不清了，就重複說：「太傅，我不是去並州，是去荊州。」

司馬懿聽了，故意對李勝說：「你剛去過並州？」司馬昭湊上前去，大聲對司馬懿說：「父親，李大人不是去並州，而是去荊州。」

「哦，是去荊州，那更好了，唉，我人老了，耳聾眼花，不中用了！」司馬懿對李勝說。

李勝認為司馬懿確實老病無用了，就站起身來，對司馬懿告辭說：「太傅多保重，您的身體會好起來的，以後有機會進京，我會再來拜望您的。」說完就離開了太傅府。

李勝剛出府門，司馬懿就從椅子上站了起來，手捋鬍鬚，看著司馬昭，父子兩人相視而笑。

李勝出了太傅府，直奔曹爽的府中，見到曹爽，高興地說：「司馬懿人雖活著，卻只有一息尚存，已經老病衰竭，離死不遠了，不值得您憂慮了。」

曹爽聽了，心中大喜，當即把李勝留在府中，飲酒慶祝。從此以後，曹爽根本就不把司馬懿放在心上了，更加獨斷專行。

春天到了，按照慣例，曹魏皇帝宗族要去祭掃高平陵，曹芳起駕，曹爽、曹羲等兄弟全部隨駕同行，一行人耀武揚威，浩浩蕩蕩開出了洛陽城。

等曹爽他們出城不久，司馬懿就精神抖擻地帶領著司馬昭，披掛上馬，率領著精銳士兵占領了洛陽各城門與皇宮，把洛陽城四門緊閉，不准任何人隨便出入。然後假傳皇太后的詔令，廢曹爽為平民，並派人把詔令送到皇帝曹芳那裡，司馬懿握有重兵，曹爽又沒防備，所以只能坐以待斃。司馬懿下令把曹爽兄弟及其親信桓范、何晏等人抓起來砍了頭，並滅掉了三族。類似的例子還有燕王朱棣奪位之前的裝瘋賣傻，他年輕的侄子建文帝哪玩得過老謀深算的叔叔呢？不久就被朱棣的大軍打敗，丟掉皇位。

第 7 章　學會耍點「心計」—做人不能太老實

不要硬撐著，該推脫就推脫

一個人的承受能力都有個限度，當這個最終的「度」就快被衝破時，應當勇敢地說「不」，而不是死死撐著，累到筋疲力盡。

生活中有很多缺「心眼」的人，由於某種原因而抹不開面子，明明知道自己很難辦到的事，硬是撐著，結果是使自己受累，對方也往往會感到尷尬，弄個費力不討好的結局。

讓我們讀讀下面的故事，或許對你有一些啟發。

阿傑剛參加工作不久，姑媽來到這個城市看他。阿傑陪著姑媽在這個小城到處逛逛，就到了吃飯的時間。

阿傑身上只有兩百五十塊錢，這已是他所能拿出招待對他很好的姑媽的全部資金，他很想找個小餐館隨便吃一點，但姑媽卻偏偏相中了一家很體面的餐廳。阿傑沒辦法，只得硬著頭皮隨她走了進去。

倆人坐下來後，姑媽開始點菜，當她徵詢阿傑意見時，阿傑只是含混地說：「隨便，隨便。」此時，他的心中七上八下，放在口袋裡的手緊緊抓著那僅有的兩百五十元。這錢顯然是不夠的，怎麼辦？可是姑媽一點也沒注意到阿傑的不安，她不住口地誇讚著這裡可口的飯菜，阿傑卻什麼味道都沒吃出來。最後的時刻終於來了，彬彬有禮的侍者拿來了帳單，徑直向阿傑走來，阿傑張開嘴，卻什麼也沒說出來。姑媽溫和地笑了，她拿過帳單，把錢給了侍者，然後盯著阿傑說：「年輕人，我知道你的感覺，我一直在等你說『不』，可是你為什麼不說呢？要知道，有些時候一定要勇敢堅決地把這個字說出來，這是最好的選擇。我來這家餐廳，就是想要讓你知道這個道理。」

這一課對所有的年輕人都很重要：在你力不能及的時候要勇敢地把「不」

說出來，否則你將陷入更加難堪受累的境地。

　　一位曾以助人為樂的人嘮叨說：「能幫上忙我很快樂，但是我也不想因幫忙而得到不尊重的態度。有回午夜時分，一個陌生的太太說要將她的三個孩子送來我家，且讓我負責孩子的上下學、伙食和為孩子在床邊講故事，還說是對我放心才給我帶。另一回，也是帶人家的小孩，小孩的父親怪我伙食不行，還說我沒教孩子英文、珠算、數學。還有一次，人家託我帶孩子，說好晚間八點準時到，結果我等到十二點還沒到。打電話去問，說是『誤會』，就不了了之。上班時，會計小姐在年度結算，託我幫忙，我算得頭昏腦漲，那位小姐喝茶休息去了，最後，還怪我太慢，害她被老闆罵。」

　　做人應該懂得保護自己，該推脫的必須推脫，不要凡事都往自己身上攬，這樣別人才會重視你、尊重你，一味的好心，不只加深了別人的依賴，也加重了自己的負擔，導致自己生活得累。

吃小虧占大便宜

　　最先嘗到甜頭的人未必到最後也飽嘗碩果，有「心眼」的聰明人會先讓自己吃點小虧，去占最後的大便宜。

　　人活一世，從生到死，是一個由白轉黑的過程。一個人要想變得老謀深算、成熟強悍，也要經過從白到黑、從軟到硬的階段。要完成這一人生的修煉，首先必須忍耐，必須學會吃虧。就像拳擊一樣，一個輕拳都得不到的人，是站在拳擊臺以外的人。拳擊手有特別耐打的鐵下巴，吃幾個輕拳根本不在乎，完全忍得住。而他的一記重拳往往能結束戰鬥或得高分。

　　有這樣一個故事，老師對他的學生說：「我希望你們全班同學都銘記這樣

一句座右銘：給別人的要多，得別人的要少。」

「對，老師！我爸爸正是這樣做的。」一個男孩子大聲說。

「啊，你父親做什麼工作？」

「拳擊手！」男孩子響亮地回答。

我們的人生是由一連串大大小小的選擇銜接而成的。從小我們的父母即要選擇，讓我們去甲幼稚園好，還是乙幼稚園好；不久，又為了繼續上學還是去打工的問題煩惱不已；上大學也不知道到底要選文法商還是理工科系；而畢業時又面臨工作地點的抉擇，到底是去甲公司還是乙公司。

日常生活中也一樣，小到中午吃飯還是吃排骨飯，大到如煩惱著要買什麼樣的家具和車子。連結婚也是，一直徘徊在美女甲小姐和溫柔的乙小姐之間，被迫選擇其中一個，而通常在選擇之後又會後悔不已。

人所做的每一個決定，主要是依據權衡得失的結果，然而很多人往往見便宜就想取得，生怕自己吃一點虧，這樣一來使自己的路越來越窄，也很難有大大的好處到手。

從客觀的角度說，一個人只要願意吃小虧，勇於吃小虧，不去事事占便宜、討好處，日後必有大便宜可得，也必成正果。相反，要想占大便宜，則必須能夠吃小虧，勇於吃小虧，這甚至可以說是一種規律。那種事事處處要占便宜、不願吃虧的人，到頭來反而會吃大虧。這也是為許多歷史經驗和先人後事所證明了的。

就拿鄰居相處這個我們常常遇到的事來說，人與人之間沒有成見，彼此和睦的時候，雞毛蒜皮，大家可以付之一笑。而一旦有了成見之後，言者無心，聽者有意，簡直會風聲鶴唳、草木皆兵。對方關門重了，咳嗽的聲音大

了，洗衣服的水流過來了，往往都是惹你生氣的根源，因為你會把這些事統統看作是故意的。

鄰居相處，小小的誤會在所難免，但千萬別憑一時意氣，引發爭吵。爭吵一旦開始，以後就處處都是吵架的資料，結果就會鬧得雞犬不寧，成為生活上的一大威脅。遇事忍一口氣，大事化小，小事化了。忍耐一時並不難，而且以後的好處是無窮的。

「吃小虧占大便宜」初聽起來似乎有些不道德，可是如果鄰里之間互相謙讓，都捨得吃點小虧，維持了大好的生活環境，又何樂而不為呢？

我們不能想當然地把出重拳、占大便宜看成一種狹隘的整治別人、復仇打擊，對於那些蠻橫無理的人，看準機會狠狠地教訓他們一頓，對他們也有好處。

這裡主要強調了一種更高一級的勝利策略，因為我們不可能事事爭強，處處占上風，所以我們可以主動地吃上幾個輕拳，而把出重拳的主動權抓在自己手裡。人更多的時候要面帶善意，一味地黑著臉去重拳打人是不可取的。

因為，這種放棄、讓步、吃小虧，往往不一定是為了達到某一個更高的目標，而常常是出於另一種原因，一種預測到，也了解到自己不可能獲得自己所有應該獲得的機會和利益的明智。既然如此，我們又何必煞費苦心去爭、去比、去要呢？我們反正是要失去一些的，那麼，把這種必然性的東西駕馭在自己的主動權之下，豈不是更好嗎？這本身就已經是占了大便宜。因為不懂得這樣做的人，表面上看，可能爭到了他碰到的各種機會，但實際上他由於完全陷入已有的機會中，則不能不失去後來的各種機會的選擇。

相反，能吃小虧的人則始終把這種主動權掌握在自己手中，儘管失去了一些機會，但也不妨礙大事。

千萬不要揭人之短

每個人，回憶裡總會有一些難言的往事和不願提及的傷痕。與人相處時，替人留些顏面和自尊，千萬不要揭人家的短。

人不可能不犯錯，也不可能一直表現完美。所以幾乎每個人都有不太光彩的過去，或者有身體或性格上的缺陷，而這些就構成了一個人的短處。每個人的短處都是不願意讓人知道的。所以，與人相處時，即便是為了對方或為了大局而必須指出對方的缺點、錯誤時，也要採用正確的方法、策略，否則不僅達不到本來的目的，還可能會惹下麻煩。

明太祖朱元璋出身貧寒，做了皇帝後自然少不了有昔日的窮親戚窮朋友到京城投靠他。這些人滿以為朱元璋會念在昔日共同受苦的情分上，封給他們一官半職，誰知朱元璋最忌諱別人揭他的老底，認為那樣會有損自己的威信，因此對來訪者大都拒而不見。

有位朱元璋兒時一起長大的好友，千里迢迢從老家鳳陽趕到南京，幾經周折總算進了皇宮。一見面，他便當著文武百官大叫大嚷起來：「哎呀，朱老四，你當了皇帝真是威風呀！還認得我嗎？當年咱倆一塊兒光著屁股玩耍，你幹了壞事總是讓我替你挨打。記得有一次咱倆一塊偷豆子吃，背著大人用破瓦罐煮。豆還沒煮熟你就先搶起來，結果把瓦罐都打爛了，豆子撒了一地。你吃得太急，豆子卡在嗓子眼兒還是我幫你弄出來的。怎麼，不記得啦！」

　　這位老兄還在那喋喋不休嘮叨個沒完，寶座上的朱元璋再也坐不住了，心想此人大不知趣，居然當著文武百官的面揭我的短處，讓我這個當皇帝的臉往哪兒擱。盛怒之下，朱元璋便下令把他殺了。

　　這位窮朋友犯了揭短的致命錯誤，尤其揭短的對象是已然貴為天子又極度要面子的朱元璋，他的人頭落地也就不奇怪了。其實，無論對象是誰，口無遮攔都是要不得的。即便當時沒危險，但是你在對方心裡留下疙瘩，終究沒什麼好處。

　　那麼，怎麼才能做到在做人處世中盡量不揭人之短呢？下面這幾條意見也許會對你有所助益：

　　第一，必須通曉對方，做到既了解對方的長處，也了解對方的不足。這樣才能在交際中做到「知己知彼，百戰不殆」。因為每個人都會有自己的個性和習慣，有自己的需求和忌諱，如果你對交際對象的優缺點一無所知，那麼你來我往之中，難免踏進雷區，觸犯對方的隱私。

　　第二，要善於揚善棄惡。在做人處世中要多誇別人的長處，盡量迴避對方的缺點和錯誤。又有誰願意提及自己不光彩的一頁呢？特別是有人拿這些不光彩的問題來作文章，就等於在傷口上撒鹽，無論誰都是不能忍受的。

　　第三，指出對方的缺點和不足時，要顧及場合，別傷對方的面子，尤其注意不要在對方屬下或家屬面前批評對方。

　　第四，巧妙替對方留面子。有時候，對方的缺點和錯誤無法迴避，必須直接面對，這時就要採取委婉含蓄的說法，淡化矛盾，以免發生衝突。而在現實待人處世中，我們周圍許多人說話往往太直接，結果好心辦了壞事。

　　此外，許多情況下，在做人處世中經常有人是「常有理不見得會說話」，

第 7 章　學會耍點「心計」─做人不能太老實

自己在理卻總是說不到點上，所以，要想把話說到別人的心上，除了不揭人短之外，還要特別注意迴避他人所忌諱的話題，具體有以下三個方面應該特別注意：

第一，忌涉及別人的隱私。每個人都有一些不願公開的祕密。尊重別人的隱私，是尊重他人人格的表現。所以，當你與別人交談時，切勿魯莽地隨意提及別人的隱私，這樣，別人就會覺得你遵循了人際交往的禮貌原則，便會樂意跟你交談和交往。反之，假如你不顧別人保留隱私的心理需要，盲目觸及雷區，不僅會影響彼此之間談話的效果，而且別人還會對你產生不良印象，進而損害人際關係。比如，別人的戀愛、婚姻正遭遇某種挫折，而且又不願向旁人透露時，你若在交談中一味地刨根問底，肯定會引起對方的反感。

第二，忌提及別人的傷感事。與別人談話，要留意別人的情緒，話題不要隨意觸及對方的情感禁區。比如，當你的交談對象正遇到某種打擊，情緒沮喪低落時，你與之交談，對方又不願主動提及傷感的事，就最好躲避這類話題，以免使對方再度陷入情感沼澤，進而影響彼此間的繼續交往和友誼。

第三，忌提及別人的尷尬事。當別人在生活中遇到某些不盡如人意的事時，你若與之交談，最好不要主動引出這種有可能令對方尷尬的話題。

比如，別人正遇上升學考試不及格抑或提拔升遷沒能如願，或某項奮鬥目標未獲預期的成功等等，你若不顧別人的主觀意願而主動問及此事，那麼，你的談話對象就會因此而陷入尷尬，進而對你的談話產生排斥心理。

與人說話如同走路，必須注意不能踩進陷阱。不然，傷害了別人的自尊，引起爭端糾紛，自己的臉上也不會增光添彩。所以，在人際交往中，必須首先記住這一條：不揭人之短，給對方面子。必須學會設身處地想一下，

別任由自己的性格和習慣行事，學會換一種面孔做人，這樣才能和和氣氣，皆大歡喜。

不達目的不罷休

既然有求於人，那你就得臉皮厚點，軟磨硬泡也好，死纏不休也好，反正一定得達到所預想的目的。

請求人辦事有時候得糾纏不休，一副不達目的誓不罷休的架勢，一次不行，再求一次，不能人家說什麼你聽什麼，一被駁回就打退堂鼓的人辦不了事。

有這麼一位朋友，去找別人辦事，拿出香菸來遞給對方，對方拒絕了，他便一下子失去了託他辦事的信心。這樣的心態什麼事也辦不成，吃了閉門羹就撤退是請求人辦事的大忌。有道是「人在屋簷下，不得不低頭」，想當乞丐又不想張口，有幾個這樣的濫好人，願意主動地把好處讓給你？要是真有那樣的事倒要好好地研究一下他的動機了。所以我們說，要想求人應該有張厚臉皮。如上例所說，對方不要你的香菸，可能是因為怕你找他去辦事，所以才拒絕的。但話說回來，你應該這樣想才對，對方不要你的菸，並不等於你不找他去辦事，儘管他用這種辦法將你求他的念頭降了溫，但你和他一直是處在同一個高度上說話。如果你決定求人，對方一時不能合作，你不妨一而再，再而三，反覆請託，反覆渲染情緒，反覆強調，那麼就一定會精誠所至，金石為開的。

宋朝趙普曾做過太祖、太宗兩朝皇帝的宰相，他是個性格堅忍的人，在輔佐朝政時自己認定的事情，就算與皇帝意見相悖，也勇於反覆地堅持。

第 7 章　學會耍點「心計」—做人不能太老實

有一次趙普向宋太祖推薦一位官吏，太祖沒有允諾。趙普沒有灰心，第二天臨朝又向太祖提出這項人事任命申請，請太祖裁定，太祖還是沒有答應。

趙普仍不死心，第三天又提出來。

連續兩天接連兩次反覆地提，同僚也都吃驚，趙普何以臉皮這般厚？

太祖這次動了氣，將奏摺當場撕碎扔在了地上。

但趙普自有他的做法，他默默無言地將那些撕碎的紙片一一拾起，回家後再仔細黏好。第四天上朝，話也不說，將黏好的奏摺舉過頭頂立在太祖面前不動。

太祖為其所感動，長嘆一聲，只好準奏。

趙普還有類似的故事。

某位官吏按政績已該晉職，身為宰相的趙普上奏提出，但因太祖平常就不喜歡這個人，所以對趙普的奏摺又不予理睬。

但趙普出於公心，不計皇上的好惡，前番那種韌性的表現又重演一次。太祖拗不過他，不得不勉強同意了。

太祖又問：「若我不同意，這次你會怎樣？」

趙普面不改色：「有過必罰，有功必賞，這是一條古訓，不能改變的原則，皇帝不該以自己的好惡而無視這個原則。」

也就是說，你雖貴為天子，也不能用個人感情處理刑罰褒賞的問題。

這話顯然衝撞了宋太祖，太祖一怒之下拂袖而去。

趙普死跟在後面，到後宮皇帝入寢的門外站著，垂首低頭，良久不動，

下決心皇帝不出來他就不走了。據說太祖很為感動。

其實人心都是肉長的，再硬的心也經不住硬磨。求人的精髓在於一個「求」字，只要你下定決心，一求再求，就沒有辦不成的事。

另外，平常說話辦事還有一種較好的辦法，叫「軟磨硬泡」，也屬於這個範疇。就是不管對方答應不答應，採取不軟不硬的戰術，不達目的誓不罷休。這方法就是不怕對方不高興，在保證對方不發怒的前提下，讓對方在無可奈何中答應你的要求。但使用這種方法要適度，換言之，不是消極地耗時間，也不是硬和人家要無賴，而是要善於採取積極的行動影響對方，感化對方，促進事態向好的方向發展。

俗話說：「人心都是肉長的。」不管雙方認識距離有多大，只要你善於用行動證明你的誠意，就會促使對方去思索，進而理解你的苦心，從固執的框架裡跳出來，那時你就有希望了。

但需說明的是「厚臉皮」絕不是不要臉，一定都要有限度，限度是辦事成功的尺規。

軟硬兼施，借人之力

成事的高手懂得借力，而不只是獨自賣力，而借力方法頗多，軟硬兼施，是有心機者最善於用的借力方式。

借力，絕不是低聲下氣去求，最好能於不聲不響、不知不覺之中借到力。當然，天下精明人多的是，有的人的力就不那麼好借。這時候就要一手軟，一手硬，軟硬兼施。

胡雪巖被人冠以「商聖」之尊，「聖」者，凡夫俗子難以達到之境界也。

第 7 章 學會耍點「心計」—做人不能太老實

我們看胡雪巖巧用官勢、情勢的手段，可知此名不虛。

胡雪巖投效海運局主管王有齡不久，通過官運漕米賺了一筆錢，胡雪巖想起，當初被信和攆出來時，曾起過誓，現在機會不是到了嗎？但萬把兩銀子開錢莊，本錢太小，難以做大。胡雪巖眼珠骨碌碌一轉，立刻便想出一個主意，他與王有齡一說，王有齡連連拍手稱妙。

第二天，王有齡身穿官服，戴六品頂戴，坐一乘四人大轎，由兩名執事在前面扛著「迴避」的牌子開道，真是威風八面，官儀做足，招搖過市，直奔信和錢莊。早有人告知錢莊老闆蔣兆和，蔣兆和一見來勢，立刻猜到大主顧上門了，連忙上前，跪地迎接。王有齡端著架子，未置可否，鼻子裡哼了一聲，神色冷峻。蔣兆和小心翼翼迎到客廳，送熱手帕，泡毛尖茶，人前人後忙個不停。待賓主坐定，王有齡便聲稱要找一個叫胡雪巖的夥計，說自己去年曾向他借了 500 兩銀子，現要將本帶息還給他。

蔣兆和暗暗叫苦，胡雪巖早已被辭退，而今不知去向，哪裡去找？忙說：「胡雪巖出省公差去了，幾日內回不來，老爺不如把銀子留在櫃上，我打一張收條，也是一樣的。」

王有齡斷然拒絕，收起銀子並放言：「我有話和他談呢，若是找不到他，可別怪我欠帳不還。」王有齡大步走出錢莊，揚長而去，蔣兆和心痛萬分，方知自己做了一件大蠢事，當初本不該趕走胡雪巖，眼下白花花的銀子收不回來，又打聽到王有齡是海運局主管，更加捶胸頓足、後悔不迭。海運局每年經手的糧銀幾十萬兩，若是能靠上這樣的大主顧，錢莊的周轉就不愁了。

思前想後，蔣兆和決心找到胡雪巖，他派出夥計，四處打聽，很快便弄清了詳細地址。

胡雪巖見到蔣兆和，愛理不理，故意冷落他，但蔣兆和仍不介意。因為他明白胡雪巖已攀上高枝，今非昔比，不可小覷，憑著商人的精明，蔣兆和腦子裡轉了幾轉，立刻明白胡雪巖的分量，對信和來說無疑是位財神，千萬別放走了。於是，蔣兆和使出渾身解數，又是稱讚他有出息，又是大談昔日友情，猛灌一氣迷魂湯，並送上豐厚的禮物。胡雪巖順水推舟，與他漸漸親熱，氣氛融洽了許多。

蔣兆和請胡雪巖到信和做個董事，情願奉送許多股份，胡雪巖推辭一陣，敬謝允許。這樣一來，他便成了信和的人，一根繩子上的螞蟻，可以同甘苦、共進退了。

往後幾日，蔣兆和費盡心機，今日請胡雪巖吃花酒，明日替胡雪巖安排郊遊，專在他身上下工夫，三日一小宴，五日一大宴，胡雪巖樂得大享其福，只由他安排。一月下來，兩人捐棄前嫌，言談融洽，儼然成了生死至交。看看火候已到，胡雪巖先把一萬兩銀子存到信和，三年為期。蔣兆和自然滿心歡喜。

一日，酒足飯飽之後，胡雪巖好似滿腹心事，欲言又止。在蔣兆和關切地追問下胡雪巖才告訴他，海運局有 70 萬兩銀子的公款，想要尋找一家可靠的錢莊存放，月息低倒無所謂，應隨時能支用。蔣兆和高興得心都快跳出來了，他的信和不過 20 來萬兩銀子的底儲，常常苦於頭寸不足，放掉許多大生意。如今要是有了海運局這大筆銀子墊底，杭州城的錢莊誰有這般雄厚實力？蔣兆和請求胡雪巖將銀子存到信和。

但胡雪巖提了一個條件，即一旦公用，不要耽誤了大事。蔣兆和為龐大的數目所陶醉，根本沒有注意到胡雪巖的弦外之音，所謂利慾薰心、忘乎所以，大概就是如此。

第 7 章　學會耍點「心計」—做人不能太老實

　　時隔不久，信和錢莊果然存進 70 萬兩銀子，蔣兆和頓時覺得腰粗膽壯，說話也硬氣了不少。為了使他放心，胡雪巖告知其中 30 萬兩銀子可以長期入存，海運局不可能都支用。蔣兆和如吃了定心丸，放大膽子放款吃高利息，業務蒸蒸日上。

　　胡雪巖當了信和董事，時不時到錢莊走走，與蔣兆和親近。蔣兆和自然求之不得，他覺得和胡雪巖關係越密切，海運局這座靠山越穩當。為表示親密無間，無所避諱，蔣兆和常把錢莊來往明細帳簿送給胡雪巖過目，以表示不欺瞞。胡雪巖本是行家裡手，稍稍一看，便知錢莊生意情況。這天，蔣兆和又將帳簿給胡雪巖查看。胡雪巖發現蔣兆和急於放款求息，錢莊底銀已不足 10 萬，這是十分危險的事。倘若有大戶前來提現銀，就可能告罄出醜。即使同業可以援手相助，調頭寸解決，數目有限，也不能完全滿足。倘若錢莊不能兌現，風聲傳出，用戶一齊來擠兌提現，錢莊非倒閉不可。而眼下，唯一能提現銀的大戶唯有海運局。想到此，胡雪巖嘴角露出狡詐的笑容。

　　第二天，信和錢莊剛剛開門，便有兩名公人模樣的人，手持海運局坐辦王有齡簽發的條劄，前來提現銀 30 萬兩。蔣兆和一聽，如雷擊頂，底金不過 10 萬，如何能兌現？慌忙中，蔣兆和安排公人稍坐，趕緊去找胡雪巖。誰知胡宅告知，胡雪巖已於昨日到上海出差。蔣兆和無奈，急忙向同業公會求援，對方只肯調出 5 萬，蔣兆和無奈，前去海運局求見王有齡。

　　王有齡和蔣兆和沒有私交，打著官腔慢吞吞威脅說：「這 30 萬銀子是用來購糧運往江北大營，朝廷與太平軍戰事激烈，耽誤了軍用，上面怪罪下來可是要掉腦袋的。」其時太平軍正與清軍在南京周圍激戰，軍糧是作戰急需，這厲害蔣兆和清清楚楚，不禁嚇出一身冷汗，還想懇求通融推遲半個月。王有齡斷然拒絕並限令：剩下的 40 萬銀子，10 天後將取出作為餉銀解送曾大

帥處，到時如有誤失，請曾大帥處置。這話幾乎令蔣兆和昏迷過去，誰不知曾大帥執法嚴厲，嗜殺成性，老百姓暗地稱他「曾剃頭」。

從海運局出來，蔣兆和雙腿發軟，眼前一黑，撲通栽倒在地。

信和錢莊櫃檯上，不少存戶手持錢莊銀票，要求提現銀，他們不知從什麼地方得知錢莊虧空嚴重，面臨倒閉清盤的消息，此舉無疑雪上加霜，蔣兆和支持不下去了，他甚至想到了自殺，一了百了。恰巧在這時，胡雪巖奇蹟般地出現了，蔣兆和顧不得面子，一下跪在他面前，涕淚橫流，哀求胡雪巖救命。刹那間，胡雪巖感到無比的痛快和愜意，但他並不形諸於色，反而做出痛心疾首的模樣。他扶起蔣兆和，請他稍安勿躁，然後對前來兌現的人們保證：信和是老招牌，信用從來不錯，如今又有海運局做後盾，一定不會賴你們的銀子。人群中有人發問：「聽說海運局要提走全部存銀，信和無法兌現，快倒閉了。」

胡雪巖神態肅然，正色道：「本人與海運局王老爺是莫逆之交，掌管海運事務，我怎麼沒聽說過提銀的事？勿聽信流言，擾亂人心，這可是要吃官司的呀！」人們不吭氣，胡雪巖贈銀救王有齡的事，全城盡人皆知他倆的關係非同尋常，胡雪巖的話足以代表海運局，誰還會有異議呢？眾人不再兌現，逐漸散去，櫃檯前總算清靜下來。

蔣兆和有氣無力地問胡雪巖原委。胡雪巖告訴蔣兆和，王有齡並不想提銀公用，而是想用這些銀子建錢莊做生意。蔣兆和聽完忙問解決辦法，胡雪巖壓低聲音，湊近蔣兆和耳邊，嘀咕道：「俗話說，千里做官只為錢，王大人多年閒居，手頭拮据，老早就想幹點什麼，尤其對錢莊生意頗有興趣，只苦於一無本錢，二無人手，終未實現，大哥若是願意，不如趁機奉送股份與他，交個朋友，大家在一口鍋裡撈食，還怕生意不紅火？」

蔣兆和一聽，不免有些肉痛，但為避免徹底倒閉，此法確實高明。

一番甜言蜜語，蔣兆和心裡好受一些，想想不但能保住性命，而且照舊做老闆，局外人反正不明事理，憑著信和這塊老招牌，再加上海運局做堅強後臺，杭州城裡也算同行老大，照樣呼風喚雨，吃香喝辣，也算不幸中之大幸。主意打定，蔣兆和向胡雪巖拱手道謝。

胡雪巖施展軟、硬兼用的兩面手法，憑空進賬了大筆股金，還連帶收服了一個錢莊的老手。以此為起點，胡雪巖在生意場上一發不可收拾了。

胡雪巖在這裡的借勢雖是強借，但自有其巧妙之處。首先他可以倚靠的官勢是現成的，但如果他就是仗著官勢大大咧咧獅子大開口去強占信和錢莊的股份，即使不被暴揍一頓也會被趕出門。以胡雪巖之精明絕不做這種傻事，他先向信和錢莊的老闆布下一個他必落入不可的陷阱，一旦那位可憐的老闆掉了進來，最後的迫不得已之勢便水到渠成，胡雪巖只管坐收漁利好了。

利用「注射」來操縱對方

處在商界裡的每一個商人都是耍手段的高手，連實施賄賂也是另有一招的。

在相撲界，賄賂的暗語就是「注射」。由自己出錢請對方故意敗陣，就叫做「打針」。也就是說，注射就是收買的意思。利用注射來操縱對方，正是商業操盤的一種手段。

相撲界是否真有「注射」這檔事，不得而知。在生意上「注射」，也就是想要賄賂時，有效果好的做法，也有效果不好的做法。

有效的注射方法之一，就是震撼療法。例如要贈送禮物，如果對方平常就穿著價值約 3,000 元的襯衫，那麼贈送他價值 3,000 元的襯衫或領帶，是不會有什麼效果的。

在這種情況下，理想的數位是 3 萬元，最少也要贈送價值 15,000 元的東西。這樣的話，對方就會感受到震撼。是否能夠讓對方感到震驚，就是注射的關鍵。

收禮的這一方或許會猶豫是否應該接受這麼高昂的禮物，然而一旦他接受了，那麼就正中你的下懷了。因為輸給了注射所帶來的快樂，而且也萌生了反正已經下水了就不怕溼的想法，而對你百般聽從。接下來就是不斷地注射，讓他百般服從了。

像這樣的賄賂，在商業界是家常便飯，千萬不要一不小心就被甜頭迷惑了。因為，不自覺中上了這樣的賊船，將來有可能會變成自己勒自己脖子的窘境。

運用光環效應方便辦事

耀眼的光環可以遮掩所有的瑕疵，應用光環效應是辦事的好方法。

某些名人，在重要的會見或演講遲到的時候，會拿更有名的名人來當擋箭牌，例如：「剛才某某某打電話來，所以才遲到了。」

如果是聽眾付費的演講，聽眾會對遲到的演講者非常氣憤，但是當另一位更有名的名人名字一出現，便會產生類似「那位名人會打電話給他，他果然也是了不起的人物呢」這種佩服之意，剛才的氣憤也就一掃而空。

在這個例子中，很好地展現了光環效應。「光環效應」，也有人稱之為

第 7 章　學會耍點「心計」─做人不能太老實

「背光效應」。因為背後照射的光芒，使得主體看起來比實際更好或者更壞，所以才有「背光效應」這個名稱。

在光環效應當中，舉出名人或權威人士名字的方法，是詐騙分子經常使用的手段，當然在商場上也是常見的手法。過去，詐騙分子便經常出示與某某總經理或者名人一起合拍的照片，藉以取得對方的信任。

即使不是詐騙分子，借著擺出和名人一起的合影，以取得大眾的信賴，來讓生意興隆的手法，也經常可見。

例如在 A 公司，每週一例行的主管會議，A 經理遲到了。會議開始 20 分鐘之後才姍姍來遲的這位 A 經理說：「客戶 B 公司的總經理突然找我去，所以遲到了。」連一句不好意思的話都沒說便入座了。

B 公司正是 A 公司的最大客戶，這個大客戶的總經理居然會直接找 A 經理，可見他和 B 公司總經理是有某種交情的。其他的主管於是沉浸在這樣的想像中，連責備都忘記了。

不過，也有可能會遭到反駁：「就算是和 B 公司總經理見面也不能成為開會遲到的理由。」或者遭到懷疑：「你真的是去見 B 公司總經理嗎？」所以這樣的手法還是不要經常使用為好。

此外，可以造成光環效應的，還有頭銜、學歷、職業、人脈、身體特徵、服裝、髮型、特殊技藝，等等。就算自己無法建立屬於自己的光環，借他人的名字來作為自己的光環，這也是個方法。

如何讓對方接受最壞的條件

人在危在旦夕之時，往往不願接受擺在面前的事實，而採用「對比效應」

會使人清醒，理智地接受目前狀況。

　　人總是善於做比較，如「不幸中的大幸」就是一例。還有，「雖然大火燒掉了全部家當，但幸運的是家人全都平安無恙」，或者「雖然被降職了，還好沒有被炒魷魚」，等等，都是自己安慰自己的思考方式。

　　「大火燒掉了全部家當，活不下去了」，或者「被降職了，真想死」。或許有人會這麼想，但只是極少數人的想法。多數人最後會認為其實並沒有碰到最糟糕的狀況，並打起精神，重新生活。

　　判斷事物的程度，通常是以世間一般的常識為基準。所以，在企業裁員已司空見慣的現在，一般人可以接受「雖然被降職了，依照現在的不景氣，什麼時候會被裁員也不知道。所以只是降職，還算好的呢」這個觀點。也就是說，用裁員和降職來做比較，這稱為「對比效應」。恰當利用對比效應的話，便能夠讓雙方的交涉朝著對自己有利的方向進展，也有可能讓對方接受你的要求。

　　例如，人事部決定將營業部的員工派往偏遠地區，在傳達人事命令的時候說：「原本你是被列在裁員名單上的，但這些年你也不是沒有成績，而且家裡還有在念高中的孩子。所以公司看在這些份上，希望你接受被調到 ××× 營業處的決定。」那麼，當事人便反而會認為自己是幸運的：「還好沒有被裁員。」從而接受公司這樣的安排。

單方面地給予，讓他產生歉疚感

　　人心都是肉長的，當你受了別人的恩惠，還會好意思不去配合他的需求嗎？抓住這個人性的弱點，成功離你就更近了一步。

第 7 章　學會耍點「心計」─做人不能太老實

有一種銷售技巧，就是免費讓顧客試用。

例如空調清潔服務。電話行銷人員打電話來說：「免費清洗府上的空調一臺，請務必試試看。」覺得清洗空調很麻煩的家庭主婦，因為有免費清洗一臺的優惠，所以最後終於心動了。

現在的家庭有數臺空調的相當多，而這裡就是行銷的重點。清洗一臺免費的話，結果應該不會是下面這樣的：「謝謝你了，其他的空調以後有機會再拜託你們了。」

因為接受了對方的免費服務，就會覺得不好意思或歉疚，結果便是付錢請他連其他的空調也一併清潔了。

美容品或者減肥食品也是一樣的。因為女性總是有變美變瘦的願望，一聽到「免費體驗」，便會有「那就試試看吧」的想法，於是就這樣上鉤了。

東方人不像西方人那樣乾脆俐落或者就事論事，一旦對方這麼勸說：「試過之後覺得如何？覺得臉變得清爽了吧？你知道你變漂亮了嗎？現在加入會員的話，半年內都可以享受折扣喲，還可用信用卡分期付款，不用擔心付不起。」你可能會想：「都免費享受過了，總覺得不好意思，而且看起來好像效果不錯，乾脆就加入了吧！」

像這樣「單方面地給予」，就是讓對方受惠進而感覺歉疚。所以，關鍵就是給予對方什麼東西，讓他感覺受到你的恩惠，這樣的手段用於籠絡別人是很有效果的。

讓對方理虧歉疚

對別人有所圖的人，懂得先讓對方在「理」面前虧自己一點。

掌握弱點，進而恐嚇。

恐嚇本身就是個問題，不過若能夠掌握到對方的弱點的話，便可以用來作為拉攏對方的有效手段。

這裡所說的弱點，並不是「挪用公款」、「殺了人」之類的危險的情報，應指「理虧歉疚」。

例如，按照約定時間到達約定的地點，對方已經在那裡等候了。這時候不知不覺間就會有「不好意思」的感覺。然而實際上並沒有遲到，實在沒有必要感到抱歉或不好意思，但是人通常就是會有那樣的感覺。

如果雙方是工作上的關係，這就會成為精神上的理虧。如果對方是居上位者的話，更會如此。反過來如果是你位居上位的話，對方先到了現場等候你，便會成為對等的狀況。至少你這邊會有對等的感覺吧？

所以，有計謀的人，即使對方是權力關係上的在下位者，也一定會比約定時間提早到。總之要比對方先到，讓對方站在小小的理虧上，並將之作為弱點來利用。

而對方因為產生「讓他等候了」的歉意，在之後的商討或交談上便容易變得弱勢。

讓他有個小小的理虧，這就會變成他的弱點，之後便有可能讓他接受較大的要求。

這一點在心理實驗上已經獲得證實。

想要「慈惠」他人，就給他一個漂亮理由

人與人之間的關係，往往只憑一個漂亮的理由就可以拉攏，有「心眼」

的人，會懂得經常尋找一些這樣漂亮的理由。

　　想要「慫恿」他人，讓他同意某件事情時，可以先準備好一個漂亮理由。因為人在迷惑的時候，若有個正當理由，便可以欣然進行。

　　例如，某位太太正在猶豫著要不要購買一顆高貴的寶石。「這種類型的鑽石，在全球是很稀少的。出席您先生公司的創立紀念宴會時戴上這枚鑽戒，是非常亮眼的。這樣也是為您的先生臉上添光呢。不但很適合您，您的先生應該也會很滿意的。」寶石店的經理這麼一說，這位太太便會這麼想：「是啊，沒有這麼高貴的鑽石是很丟臉的，也會讓老公臉上無光。就一定要這個了。」

　　因為有漂亮理由了，原本猶豫的心，便有了主意。而商店方面因為幫顧客找了一個正當而漂亮的理由，所以成功地完成了交易。這個「漂亮理由」的原理，可以應用在許多方面。

　　例如，勸誘已婚婦女消費時，這麼推一把：「妳一直為了丈夫和孩子辛苦付出，偶爾也要對自己好一點。就當作是給自己的獎勵，好好地享受一次吧。這是給妳的獎勵啊！」因為「給我自己的獎勵」這個漂亮理由成立，生意成交的可能性便會提高很多。

　　實際上人就是經常會為自己建立一個漂亮理由，來下定某種決心，或者進行什麼事情。

　　所以，在猶豫不決的時候，若有人幫忙找了一個漂亮理由並在背後推了一把，便會像是順水推舟一般地直接往目標前進了。

　　運用這個「漂亮理由」的原理，操縱他人就會變得簡單。

第 8 章　讓狐狸的尾巴露出來 ——
揪出他隱藏的真實目的

第 8 章　讓狐狸的尾巴露出來—揪出他隱藏的真實目的

讓對方說出實話的技巧

狡詐的人知道，對付不說實話的人，要用咄咄逼人的方式逼他乖乖地自白。

之前的章節我們已經討論過一些有關謊話的問題，現在讓我們再深入一層來談識破謊話的具體方法。

下面我們先舉出幾種比較具體的識破謊言的方法，供各位作為參考。

1. 要注意說謊者說謊時的微笑。
2. 從對話中識破對方。
3. 從反面識破對方。
4. 以試探方法去識破對方。
5. 站在對方的立場來分析對方。
6. 不要讓對方看穿自己。
7. 從對方的表情去分析他所說的話。

看透對方的方法跟識破說謊者的方法有連帶關係，所以或多或少會有重複的說法。因此現在我們就針對「要如何去識破對方使他說出真話」這方面來討論。

（1）如何使對方解除心中的武裝

正在說謊或試圖說謊的人，他們的心裡一定會先武裝起來。「如何使他除去武裝」就是最大的關鍵所在。如果這時你正面跟他衝突，他一定會強詞奪理把你反擊回來。

例如，你對說謊者說：「你有什麼話乾脆直說好了，不用跟我兜圈子撒謊。」這樣去攻擊他，是不會收到效果的。我們應該在對方的心意有些動搖的時候，找出他的弱點去攻擊他。不過，如果對方硬要堅持他的謊話，那麼這一招就不管用了。這時候，我們必須另想辦法使他解除武裝。我們暫時不去想他說話的內容真實與否，只要把重點放在如何使他解除心中的武裝就行了。

這個道理就跟閉得緊緊的海蚌一樣，愈急著把牠打開，牠就閉得愈緊。如果暫時不去理牠，牠就會解除心中的武裝，過段時間牠便自然地打開了。

那麼究竟怎樣方能使對方解除心中的武裝呢？

第一，要使對方有安全感。

如果對方是為了保衛自己而說謊時，我們最好這樣說：「你把實話說出來，不要緊，事情不會很嚴重的。」

這樣一來，他就會認為他的處境已經很安全，不會顧忌說出實話會有什麼不良後果。所以在這種情況下，想要叫他說出實話是毫無困難的。

刑警隊在詢問兇殺案的見證人時，利用這種方法是最合適不過了。

要使對方產生安全感，首先必須使他對你產生信賴，他對你產生信賴之後，才會對你吐出真言。

信賴 —— 安全 —— 自白。

所以說，對一個頑強的嫌疑犯，能否使他自白，那就要看刑警隊的人是否懂得這些技巧了。

據說利用循循善誘的方法去套對方的口供，要比使用強硬逼供的手法更容易達到目的。當然，如果你只是裝著笑容討好對方，那對方就不會怕你

第 8 章　讓狐狸的尾巴露出來—揪出他隱藏的真實目的

了。我們必須做到讓對方認為「我實在不敢對這種人說謊」才行。簡單地說，我們要運用技巧，使對方因為你的影響而把實話完全吐露出來。

還有一種技巧跟剛才所提的完全相反，那就是故意把自己裝成容易上當的樣子，使對方對你沒有戒心而很自然地把心裡的話說出來。

換句話說，就是讓對方產生優越感，使他在得意忘形之際，下意識露出馬腳。這種方法用來對付傲慢的人是最好不過了。這個方法現在我們姑且不去談它。

聽說美國的律師，在法院開庭審問的時候，也常會反覆地運用這種方法，但是如果太明顯的話，留下漏洞，便無法達到目的。

第二，要追根究柢。

這種方法和前面所說的方法完全相反。徹底去追根究柢，有時也能使對方解除心中的武裝。假如對方仍有辯白的餘地，他一定會堅持到底，因此只有在他被逼得無法再為自己分辯的時候，他才會自動解除武裝，說出實話。

洛克希德賄賂案中許多有力的證人，在最後終於供出了口供，主要的原因是由於他們被逮捕之後，辦案人員利用追根究柢的方法使他們說出實情來。由此可知，沒有約束的交談，遠比追根究柢的方法差。

我們偶爾可以在報紙上看到某人因為精神過分緊張而自殺的消息，對於這種事件，我們沒有辦法替他們下個定論，但我們也不難看出，他們實在是被日子或某種因素逼得無法透氣，才這樣做的。

第三，要攻其不備。

不管是多麼高明的說謊者，如果遇到突然而來的攻擊，也會驚慌失措，不得不投降。

活到 89 歲才去世的律師法蘭西斯‧威爾曼，在他所著的《交叉詢問的藝術》一書中，曾經提到：「在詢問一個決定性的問題時，不要馬上詢問證人，等他回到證人席之後，再突然請他回來，重新詢問，這是最有效的方法……」

《孫子兵法》裡也說過：「攻其不備，出其不意。」「使其不禦，則攻其虛。」因為我們乘虛而入，對方沒有防備，自然就會放下武器投降了。

(2) 不要與對方進行無意義的爭辯

「你明明是在說謊。」

「不！我說的都是實話。」

「你為什麼要說謊？」

「不！我根本就沒說謊。」

這樣的爭辯實在沒有意義，再怎樣爭論也不會有結果的。

有些母親常常這樣追問小孩說：

「為什麼要這樣？」

「為什麼要那樣？」小孩無法回答，也就支支吾吾地說到題外話去了。所以母親們這種追問的方式，永遠都沒有辦法得到她們所要的答案。

表面上看來，這種問話的方式有點像是追根究柢。其實是完全變了質。

古時候，日本警界很流行一種稱為「釣鰓」的詢問方法。這個方法是利用「釣鉤釣魚鰓」的原理，先抓住對方的漏洞、弱點，然後再追根究柢地去詢問。這種只憑對方語氣的漏洞來迫使對方說出實情的方式，究竟能收到多少效果，那我們就不得而知了。

(3) 使對方反覆地做出同樣的事

謊話只能說一次，如果經過兩三次的重複，多多少少就會露出馬腳。我們在日常生活中常會發現這種現象，例如，早上同事打電話來說：

「對不起！我家有客人，麻煩你幫我辦理請假手續，謝謝。」

經過幾天以後，你突然問他：「前幾天你為什麼要請假呢？」這時他可能說：「因為孩子得了急病！」這種人一定不是為了正當的理由而請假。或許他在外面兼職，或許他在外面做了某些不可告人的事。

我有一位非常細心的朋友，他每次說謊之後，都會把它記在備忘錄上，以免重複。這個方法真是無聊透頂，假如他說了一個曲曲折折的謊話，是否也能一一把它記下來？我相信，總有一天他會露出馬腳的。

(4) 要有效地利用證據

要使對方說出實話，最高明的手法就是提出有效的證據，尤其是物證，它的效果更大。

拿出有力的證據來做武器，是識破謊言最好的手法。不但可用來對付風流的丈夫，同時也可用來對付政治上的謊言。

不管對方如何狡辯，只要我們有確切的證據，他就不得不俯首承認。

但更重要的是必須懂得如何運用這些證據。如果運用不當，證據也會失去效用的。

關於這一點，我們首先要注意的就是：時機是否運用得當？如果事情過了很久，我們才拿出證據來，那麼證據的價值可能就大大地降低了。

相反地，我們在提出證據之後，還讓對方有充分的時間去考慮，也是不妥當的，因為這樣不是又讓他獲得了一個想出辦法來答辯的機會嗎？

那麼，證據要同時提出還是逐項提出來呢？這個問題我們不能一概而論，必須看證據的價值以及當時的狀況來決定。

至於我們的證據究竟有多少，絕不能讓對方知道。尤其是當你只有少許證據的時候，更要絕對保密。總之，證據是一種祕密武器，證據愈少愈要珍惜，否則失敗的將是你而不是對方。

不到決定性的時候，不要讓對方知道，不要顯露自己手中的證據。你必須一面靜聽對方的話，一面暗中對照證據。同時，也要考慮對方手中證據的可靠性，使緊握在手上的證據能運用得恰到好處。

以上說的四種方法，到底使用哪一種比較好呢？當然，這要看對方的情況而定了。有時不能只用一種方法，必須綜合運用多種方法才能收到效果。

我們並不像刑警隊的人一樣，要使犯人自白。我們只是想了解在日常生活中，應如何去透視別人，以及如何誘使別人說實話。

如果我們像刑警隊的人一樣，以審問犯人的方式去對待別人，那不是會得罪許多人嗎？關於這一點，我們應該特別注意才是。

可以原諒的謊言

謊言是這個世界上最可惡的言語，但人們依然會需要謊言，而且從出發點來分辨謊言，有時是可以原諒的。

如果我們的生活裡完全沒有謊話存在，那麼這個社會將無法協調，因為整個社會生活和個人生活，必須依靠一些無傷大雅的謊言來保持平衡。

第 8 章　讓狐狸的尾巴露出來—揪出他隱藏的真實目的

　　這並不是說社會是由謊話構成的。大體上，我們可以將謊話分為可以原諒的謊話和不可原諒的謊話兩種，而社會就是由可以原諒的謊話來維持平衡的。

　　什麼樣的謊話可以說？什麼樣的謊話不能說？這是價值觀念的問題，而且這個範圍也很難確定。

　　我想，若是把謊話當成社會的潤滑油，大概不會有人反對吧！因為它確實能滋潤我們單調的生活。如果我們把一些禮貌上的讚美詞，或有關社交方面的辭令，全部加以否定的話，那麼人際間的關係就會顯得枯燥而無味了。

　　聽說義大利人是世界上最會說客套話的民族，下面是他們針對謊話的功效所寫的一些文字：「禮貌上的謊話和客套話，偶爾會被利用到功利主義方向，但是大體來說，大部分的謊話，都是運用在促進社交及日常生活的小節上，因為這種客套話是人際關係的潤滑油。在義大利，人們都把這些客套話當成生活不可缺少的調劑，而且不太計較其中的含意。」

　　「西裝店的商人，稱讚顧客體態優美。」

　　「牙科醫生稱讚你的牙齒像古代羅馬人的一樣美。」

　　「內科醫生說：『這種病不太要緊。』」

　　「訂做鞋子的時候，鞋店的老闆一定會對你說某月某日一定能做好，雖然他知道有時候不能如期做好，但是這種謊話為的是安慰你，使你的心裡有安全感。」

　　以上這些例子，是從義大利作者所著的《日常生活中無傷大雅的謊話》中摘錄下來的。

　　禮貌上的客套話，是社會上一般人所公認的一種謊話，我們只要把它當

成人際間交往的潤滑油就好，不用深入去探索這種話的意思。

至於善意的謊話，那是非有不可的。為了勉勵別人，或者安慰患有癌症的病人所說的謊話，是沒有人會非議的。（對於癌症患者，要不要把實情告訴他，這是很難決定的問題。）

還有一種「幻想的謊話」，為數也不少。有些人整天陶醉在自己的夢幻世界裡，經常癡人說夢，自己欺騙自己。這種「幻想的謊話」，如果不是很嚴重或不是很過分，也就沒有多大關係。

至於有些富有創造性的實業家、設計家、發明家等，他們喜歡空想、幻想，但是這些「構想」之中也有很多會實現的，如果我們對他們這種謊話完全加以否定，那麼這個社會就不會有進步了。

謊話和希望之間差別很微小，很難辨別出來，信與不信，就只能靠自己來判斷了。

空想的謊話中，最明顯的要算是小孩的夢了，他們夢見自己變成超人飛在太空裡，或者飛到神話的世界裡。這些本來都是謊話，但是一個沒有這種幻想的小孩，長大之後可能會變得很呆板。

謊話的定義很廣。人在行為上所表現出來的虛偽，也是謊話的一種。有一種人，在人前一本正經，說的話也非常動聽，可是他在獨處時的一舉一動，卻與人前所表現的截然不同。

穿衣、化妝也可以說是一種偽裝。還有，說話時一點都不誇張的人大概也很少吧！

威嚴也是一種演技，因為天生就具有威嚴的人是很少的。例如有一個人，當他還是一名小職員的時候，成天嘻嘻哈哈的沒半點架子和威嚴，等到

第 8 章　讓狐狸的尾巴露出來─揪出他隱藏的真實目的

他升為科長之後，架子就一天一天地大起來，威嚴也一天一天地擺出來了。所以說威嚴是累積而來的偽飾。

依照潛意識，謊話又可以分為有意識和無意識兩種。有意識的謊話，是為了達到某種目的而說的，例如欺詐就是一個很好的例子。在公眾場合為了表現自己所說的誇大的謊話，也是有意識的謊話。無意識的謊話，是指沒有動機、沒有目的而說的謊話。例如小孩子的謊話，習慣性的謊話等等。自誇、客套，雖然也屬於有意識的謊話，但成為習慣之後，也就變成無意識的謊話了。

謊話的應用既然這麼廣泛而且這麼需要，你說，我們是不是應該好好地研究研究呢？

如果要透視「不可原諒的謊話」，我們應從研究謊話的構造和動機開始，才能收到預期的效果。

堂堂正正地說謊，謊言也會變成真

當你面不改色地與謊言對峙時，或許它就成為真實了。

籠絡別人時，說謊也是一個有效的方法。

但是，說一些無關緊要的謊言或者合理的謊言，是不會有什麼效果的。這類的謊言，每個人每天都會習慣性地說上好幾個的。曾有個統計資料，那就是每個人平均一天會無意識地說上一兩百次謊言。

可以有效籠絡別人的謊言，就是天大的謊言。每當有詐騙事件被揭發時，其中的詳細內容總是讓人驚訝。因為詐騙分子所編織的通常都是極為單純的謊言，然而就是會有人受騙上當。人們會取笑，怎麼會有人上這種

當，真是笨蛋。然而，就因為是單純且異想天開的謊言，所以人很容易就會上當。

此外，如果是真心誠意地說謊，這個謊言便會漸漸地帶有真實的味道，這就是謊言的效用。詐騙事件的受害者經常會說：「沒想到那是騙人的。」就是因為真正的謊言是接近真實的。

善於說謊且習慣成性的人，有些是會對自己所編織的謊言信以為真的。這就是值得效仿的地方。

實際上在人與人的往來當中，逼真的謊言和真實是沒什麼兩樣的。

誠心誠意地說謊，即使是謊言也會打動對方。

堂堂正正地說，就算是謊言也會成為真實。於是在重複許多次之後，便會成為歷史性的事實。如果是膽怯地說小小的謊言，反而是會被看穿的。不過，話又說回來，如果是用謊言來陷害別人，那可就是一種犯罪了。

警惕第一次見面就很親暱的人

與人首次交往時，有「心眼」的人會對故意親近自己的人加以防備。

有一種人，才第一次見面，就會很親暱地去碰觸對方的身體。

通常在第一次見面的時候，一般人是不會像熟人一樣很熱烈地說話的。碰觸別人的身體，一般都會感覺那是很沒有禮貌的。會這麼做的人到底是什麼樣的人呢？

有一種類型是任性的、自信過度的人。因為對自己有自信，所以別人是怎麼看自己的，都覺得無所謂。其實這樣的人也不是什麼壞人，碰觸他人的身體不過是展現自信的方式。因而即使是對著初次見面的人，去碰觸對方的

手臂，甚至是將手放在對方腿上，都不會認為這樣會帶給對方不快的感覺。反而大多還深信這樣的舉動會將自己的好感傳達給對方。

另一種類型，是心中有一番算計而故意這麼做的。為了想提高對方的好感度，才故意若無其事地去碰觸對方的衣服或身體。他是想要讓對方有親切感，為其所用。然而，將手放在對方肩膀上、手上還施加力量的，就有一點下馬威的味道了。

因此面對這樣的人，還是稍微留意比較妥當。

了解對方稱讚的真意

受人讚美時不能樂昏了頭，而應在讚美聲裡領悟對方的用意。

人在稱讚別人時，有時是沒有什麼用意的，但有時卻是別有居心。別有居心的人，可能就是為了想親近對方。

被稱讚的時候，要如何才能看清對方的用意，不至於陷入對方的圈套，並妥當地作出反應呢？

女性如果被稱讚「妳的套裝很漂亮呢」，不妨就回答：「不過，我找不到很搭配的鞋子，所以還有待加強啦！」

這樣的回答也包含著「我的品味並不怎麼樣」的意思。這就是自己並沒有因為被讚美衝昏頭腦，反而更貶低自己並吹捧對方的技巧。

適度地貶低自己，對方便會有這樣的解釋：他是個有節制的人、謙虛的人，而且對自己是有好感的。之後，再從對方是如何接受妳這樣的回答、又是如何回應妳，便可以大致了解他只是在說客氣話，或者對妳是很有好感的。

如果對方回答說：「沒這回事，搭配得很好啊。」可能只是單純的客套話而已。

如果對方回答說：「說的也是，現在這套套裝也不錯，但如果是茶色的，看起來會更典雅，可能也更適合妳呢。」那便是對妳有好感才稱讚你的。

此外，以稱讚回應稱讚，這也是一種說話技巧。例如，女性稱讚你：「很漂亮的領帶呢。」你便回應她：「妳的領帶才漂亮呢。」

在稱讚他人的心理當中，也包含著希望別人也稱讚自己的欲望，所以這麼回應是最有效果的。但是，如果雙方的會話就此打了休止符，那便只是社交上的客套話罷了。

如果此時可以將會話繼續延續下去，那麼便可以漸漸了解對方對自己的感覺。

「就連領帶的打法也和你今天的裝扮很搭配呢。我也想過要用領帶或圍巾來搭配衣服，但好像怎麼弄都不是很適合。」試試用這樣的方式來繼續交談，如果對方回答的是：「下次我幫妳挑領帶，順便也教妳怎麼打吧。」如此下去，應該就能漸漸地了解對方的真意了。

「聽我解釋」這句話無法解決爭論

當事實已成定局時，想要改變現實而解釋，這一舉動便顯得是那麼微不足道了。

壞人在即將被懲罰時，會急忙地說：「等一等，聽我解釋！」但手卻偷偷地摸向刀子。這是大家都很熟悉的武俠劇片段。為避開敵人的攻擊並找出對方的空隙，而說出這樣的話，趁著對手因相信了這句話而思考著「姑且聽聽

他怎麼解釋吧」的瞬間，進行反撲。不論是武俠劇還是現代社會，在這一點上都是一樣的。

「你這可惡的傢伙，你以為你是上司就可以這樣胡說八道，這樣看不起別人嗎？不可原諒！」失去理智的屬下正想一拳打過去時，上司急忙說：「等一等，不要動粗，聽我解釋！」

就像是連續劇般地，今天在世界各地也上演著這樣的劇情吧？

許多人都會說「聽我解釋」這句話，在必要的時候便會脫口而出。但是，說這句話的人真的認為解釋就能達到溝通的效果嗎？很多人都不會認為如此的。這不過是為了暫時躲開暴力或攻擊的一句脫口而出的臺詞而已。

不過，如果對方是個心地善良的好人，這句話是具有很大威力的，可以成功地化解對方的暴力。

但是，不論怎麼解釋，聽的人還是不會真正了解的。簡單地說，因為人對於別人的事情是不會想要知道那麼多的。

人與人之間會出現爭執，多半是因為彼此都想要照著自己的想法來做。除非對方聽自己的，否則是不會妥協的。說「聽我解釋」，對方接受了，會出現這樣的情況，就只有在一方對另一方妥協的時候。

正確看待社會菁英

很多被稱為社會菁英的人被人盲目地崇拜著，人們一不小心就上了這些菁英們的當，冷靜告訴我們，菁英也得正確看待。

一般人都認為，菁英就是堂堂正正、有人格的人。雖然社會菁英做出不知羞恥的事情的例子很多，但是一般人對菁英的看法似乎還是沒有改變。

　　菁英等於人格高尚的人，這樣的公式原本就只是個錯覺。就算是菁英也有可能是在人格上不足以信賴的人。

　　因為，菁英的自尊與驕傲都非常高。而在家庭方面，也有不少是以與一般人不一樣的方式培育出來的。一直以來都以站在金字塔頂端和成為人上人為目標，對於社會的邊緣人是不會心存和善的。

　　極端地說，所謂菁英意識，就是擁有優越感，對於非菁英級人物是輕蔑的。

　　這種意識根深蒂固的人，人格是否也受到了磨鍊？不，應該是沒有受到磨鍊的吧？比一般人人格更低劣的菁英其實不少。

　　電視上的推理劇裡經常可看到這樣的劇情，犯人是被稱為社會菁英的醫生或律師，犯下殺人罪行，在他被追到窮途末路的時候，卻說出這麼自私的理由：「那種無聊的人根本沒有活著的價值。我是有前途的，我不想被那種人破壞了我的前途，所以才殺了他。」

　　不過，這並不是戲劇與小說的世界才會出現的情節。菁英有時候正因為是菁英，所以才有犯下殺人罪行的動機。

　　問題出在歷經千辛萬苦才爬上菁英地位的人。為了出人頭地，應該是一路忍受不少委屈，辛苦奮鬥過來的。而支持著自己的，就是「等著瞧吧」的反抗心理，以及權力、金錢、名譽。當辛苦有了成果，進入一流大學就讀，進而成為醫生或者律師，獲得了地位與名聲，此時扭曲的性格已經成形。

　　這類型當中，有些是為了成功、為了達成目標而不擇手段的。他的心中就只有勝者為王的想法而已。所以，一旦得到地位與名譽，便徹底地蔑視地位比自己更低的人。

這種人，當自己的地位或名聲可能受到危害時，無論用什麼樣的手段也都要保護自己的。其結果有可能就是犯下殺人罪行。要知道，人的自尊，尤其是歷經辛勞才換取到菁英地位的人的自尊，是極其強烈而且是不容許剝奪的。

「這不是錢的問題」 ── 恰恰是錢的問題

當今社會不會見錢眼開的人很少，許多人就為一個「錢」字而活，可見「錢」的地位之顯著了。

「這不是錢的問題」，雖然經常聽人這麼說，不過事情的開端往往就是金錢。實際上則是因為問題就在於金錢，所以才那麼說。

例如，因為雙親的疾病或者財產分配，兄弟姐妹、親人之間發生了糾紛，姐姐對弟弟說：「沒想到你是這樣的人，今天終於見識到你的真面目了。這不是錢的問題，而是你這個人到底還有沒有良心，有沒有人性？」雖這麼逼問，但事實卻不是她所說的那樣。

事情的開端就是金錢，是因為經濟負擔都落到自己肩上了，又或者只是沒有分到想要的財產，而將心中的不滿轉換成那般冠冕堂皇的說法。

所以，雖然兄弟姐妹這麼爭吵，如果最後終於分到了所希望的財產，態度便會為之一變：「你果然還是會為姐姐著想的弟弟呢。」即使是兄弟姐妹，衡量對方的基準還是金錢，這樣的人還真是不少。

工作也是一樣的。因為不景氣使得薪水縮減了 30%，「薪水變少了，生活當然也會變得拮据，但是更令人傷心的是，原來公司對我工作的評價就只是如此。我那麼為公司盡心盡力，卻反而落得自尊受到傷害，真是情何以堪

啊。」雖這麼憤憤不平地說，其實真正不滿的是薪水被砍。

第 8 章　讓狐狸的尾巴露出來—揪出他隱藏的真實目的

第 9 章　江山易改，本性難移──

　　　如何挖掘人的本性

第 9 章　江山易改，本性難移—如何挖掘人的本性

狗是狗，不會變成老虎

　　既成的性格是一個人一生的本質，在現實環境中，一隻狗絕對變不成一隻貓。

　　小莉結婚了。

　　大家都很驚訝，因為她的結婚對象竟然是那個和她交往四五年，喜歡賭博，又曾經打過她的男友。

　　小莉對朋友說，結婚前，男友徹底向她悔過，保證婚後不賭，不打她，所以她才答應嫁給他。

　　婚後第二個月，丈夫故態復萌，把月薪輸掉不說，還偷了小莉的首飾。之後丈夫流淚向小莉懺悔、發誓，小莉心軟了。

　　一年後，小莉辛辛苦苦上班買的房子被先生輸掉了，看到先生的眼淚和哀求，她離婚的決心再度動搖。

　　站在解讀人性的角度，這個故事可從兩方面來談。

　　第一，人的人格傾向是不容易改變的，正是所謂的「狗改不了吃屎」。

　　這麼說好像對人性有一種失望，的確如此，人們不也說「江山易改，本性難移」嗎？因此也唯有先對人性失望，才能發現希望，也才能不被人性的低劣面所傷害。

　　人的人格傾向其實也決定他的思維及行為模式，固然後天的教育及環境的制約有可能壓抑某種行為的產生，但因為未能破壞或重組，因此當受到外在的引誘或環境的制約消失後，被抑制的行為便會顯現出來。

小莉的丈夫便是這種類型。因為好賭是他的人格特質，他的所有行為都受到這個特質的影響，因此他可以在流淚、立誓之後，仍然去賭，把房子賭掉了，還是要賭。他不是不知此事的嚴重，而是無法抗拒身上密碼的呼喚。

其實不只小莉的丈夫如此，很多賭徒都是如此，甚至切斷手指表明決心之後，還是會去賭。

因此，我們不必對人性的低劣面抱持太高的期望。

是牛，牽到北京還是牛！

第二，小莉的丈夫為了滿足自己賭的欲望，利用了小莉的同情心，而令人想不到的是，這種詭計竟然一再地得逞。當然，小莉對她丈夫的同情中也含有對他的愛情，明知這種同情是不理智的，但因為愛情，還是做了。

從人性面來看，同情心是弱者可以運用的武器，但卻是強者的弱點，因此聰明人都會在恰當的時候，以無助、無辜的外貌及動作來獲得對方的同情，來滿足自己的意志。眼淚固然讓人覺得軟弱，但在某些時候，卻也有它難以抵擋的威力。

倒是要提醒你，面對眼淚攻勢時，切莫動搖你的意志，流露出你的同情心，因為一旦你成為一個容易同情別人的人，你的特質就會成為人們想利用的弱點。小莉就是被她丈夫抓到了弱點，所以才被她丈夫一再軟化。

如果她硬起心腸，採用鐵血政策呢？當然也有可能使問題更加惡化，再度挨丈夫的拳頭。但如能在收放之間取得平衡，或許可以多少壓抑丈夫的賭

性 —— 但要記住，不可能去除丈夫的賭性。因此利害得失、現實與愛情，就要靠自己的抉擇了。

　　或許小莉抱著一絲希望，但願有一天丈夫能洗心革面，事實上，這也是人性中的一種自我欺騙。

青蛙的鼓噪嚇不死獅子

　　日常生活和工作中，因為各自的利益不同也就會有著與你相鬥的惡人，高手應該理智面對他們。

　　在他人面前說某人壞話叫做「讒言」；無中生有，毀人名譽，捏造事實冤枉人，栽贓陷害叫做「誹謗」。在茫茫人海中，既有白浪滔天，也有濁浪翻滾，人在海浪中，要求得心安、身安，就不能不多練黑白功夫。

　　「白臉」對讒言，是使人際關係和諧的重要方法。一個人的生活是否安寧愉快，與他能否和大家友好相處有密切的關係。生活在團結友愛的群體中，人往往精神愉快，積極向上，幹勁倍增；生活在冷漠、猜疑、互相攻擊的群體裡，人們整天疲於提防冷槍暗箭的傷害，往往是精神壓抑，神經過敏，心緒不寧，工作無精打采。要為自己創造一個好的生活環境，首先要求自己以誠待人，不進讒言，也不聽信讒言，相信自己，相信公眾，相信組織。

　　一個人養成了不進讒言、不信讒言的良好道德品格，自然就不會為一己私利憑空捏造事實，誹謗他人。可是，生活並不是完全按照人們的願望發展的，你不進讒言，不誹謗他人，有人卻可能因為某種原因對你進讒言或誹謗你，破壞你的名譽，對於這種事，我們該如何對待呢？

(1) 當別人的壞話對你的名譽和工作並無太大的影響也構不成危害時，可以保持從容，不予理睬

宋代著名的宰相呂蒙正被任命為副宰相，剛要上殿接受職務並感謝皇恩時，有人在帳下對他指指點點地說：「這小子也能參知政事，治理國家嗎？」呂蒙正裝作沒聽見，下朝後，有的同僚非要查出說這話的是誰不可，呂蒙正堅決不同意。他說：「一旦知道了是誰說的這句話，便一輩子忘不了這件事，倒不如不知道為好。」呂蒙正這麼一做，不但沒降低他的威信，反而顯得說他壞話的人不地道，更贏得了大家的敬重，私下裡說他壞話的人也會對他感激不盡，今後會牢牢管住自己的舌頭，死心塌地為呂蒙正做事。如果呂蒙正不知「白」的奧妙，非要查個水落石出，人查出來了，多為自己樹了個敵人，也讓周圍的人自危，說不定背後說你壞話罵你的人會更多。所以當聽說背後有人埋怨你或發洩不滿情緒時，不管是出於誤會、嫉妒還是私怨，只要對你無傷大雅，就不必急於去針鋒相對。笑臉以對，寬大為懷，謠言不攻自破，這樣更有助於大家全面了解你，信任你，為自己贏得較高的威信。

(2) 假如對方不僅僅是發洩私憤，而是要用舌頭到處鼓噪傳播，也要承受得起

《伊索寓言》中「獅子和青蛙」一則說：「獅子聽見青蛙高聲鼓噪，心想這一定是什麼龐然大物，便轉過身去，對著那個聲音。

獅子等了一會兒，看見從池塘裡爬出來的是隻青蛙，就走過去把牠踩個稀爛，說：『在親眼看到之前，千萬不要被別人攪得心慌意亂。』」

這則寓言告誡人們，不要聽到鼓噪便心慌意亂，心平氣和地觀察一陣

子，就能看出破綻，不費力地就能將鼓噪的根源徹底消滅；如果按捺不住，一聽到鼓噪聲就滿腹委屈，或暴跳如雷，則對解決問題絲毫無補，只是一種沒有任何意義的自我消耗，反而對鼓噪起了推波助瀾的作用。

(3) 對那些心懷歹意，憑空捏造罪名非要把你搞垮搞臭，置於死地而後快不可的誹謗之人，更要注意給「白臉」

這種「白」不是束手待斃，不是向惡勢力低頭，而是忍住一時的衝動和蠻幹，忍住悲觀失望，沉著迎戰，手拿證據以後，或當場揭露，或訴諸法律，給誹謗者致命的打擊。日本影星山口百惠利用法律的武器來討回清白。法國影星艾珍妮被汙衊染上愛滋病，她不吵不鬧，馬上去電視臺亮相，使謠言迅速銷聲匿跡，這都是抵制誹謗的好辦法。

(4) 最不可取的是，有人受了誹謗誣陷後，或只知吵吵鬧鬧以淚洗面，或悲觀失望一死了之

前者不能解決問題，有時還適得其反，越抹越黑；後者沒有承受力，正好中了壞人的奸計，連申辯抗爭的機會都放棄了。

我們的社會儘管有黑暗的陰影，有喜歡進讒信讒的小人，有以誹謗為樂事的惡人，但光明、正義是占主導地位的，大多數人是正直的，我們的法律也是公正的，只要你正大光明，善於持「白」，總有水落石出戰勝邪惡的那一天。

好話過三必隱企圖

人心叵測，人前說好話的人，能肯定他的內心沒有鬼嗎？

一個人只要有權或有財，他的周圍必定多多少少會有一些拍馬屁奉承的人，正所謂「貧在鬧市無人問，富在深山有遠親」。他們的目的無非攀龍附鳳，借你的權力及財富之便，謀取個人升官發財的機會。有的更借此招搖、斂財、敲詐等，不一而足。當你擁有財富或權力時，對此輩之應付，不得不小心。尤其有強敵環伺時，你更應懂得「忠奸之辨」，奉承之徒的不義讒言，很可能會害得你傾家蕩產、走投無路。

自古以來，忠臣多半不被皇帝喜歡，因為忠臣具有剛直不阿、指逆直言的性格，大多沒有什麼好下場。濫殺忠臣的皇帝，歷史上也不會留下褒語，他的天下也無法垂之久遠。皇帝周圍那些諂媚、結黨為惡的小人，卻深得皇帝的喜愛與依賴。這些人每天飽食終日，言不及義，時時觀望皇帝的臉色，處處逢迎皇帝的喜好，希旨承顏，弄得「君不君，臣不臣，國不國」。這時的皇帝實際已淪為被人使的槍，與傀儡無異，他已經完全上了小人的當。

為什麼多數人都喜歡巧言令色的奉承之徒呢？

我們可以不談高深的動機理論，而代之以簡單平易的說明來解釋，那就是「心裡越空虛，越沒有信心」的人，越需要奉承之徒。因為心裡空虛的人，多半會有所不安與恐懼，需要奉承之徒來加以填補，以求得暫時的勇氣與信心。

如何才能摒除你周圍的奉承之徒呢？

第 9 章　江山易改，本性難移—如何挖掘人的本性

(1) 培養自己的實力

對自己所經營的事業，一定要下苦心去鑽研，不讓屬下有絲毫能夠蒙蔽你的機會。

(2) 接受忠告，採納諍言

批評你的人，不見得就是你的敵人，必須先了解他的動機。好話人人會說，馬屁人人會拍，就要看你有沒有明辨是非的能力。諍諍之士的話多半不會很順耳，你有接受的雅量，奉承之徒也就沒有可乘之機了。

(3) 公平公正，對事不對人

如此，有意以奉承博取你歡心的人，也就不得不實心辦事，而不敢再以鑽營奔走為能事了。

那麼，你如何辨別一個人是否為奉承之徒呢？

(1) 他做的事，是否與當初對你的承諾相符？

如果不符，那你就要特別當心，他可能是個花言巧語而事後反悔的人，人前說的是一套，背後做的又是一套。

(2) 他說話做事的目的，是否對他個人有某種利益？

這要依靠你敏銳的洞察力去辨別。人都有自私的本性，可是一個人如果處處都為自己打算，時時都有自私的本性，絲毫不顧慮你的立場時，他的用

心就值得懷疑了。

(3) 他對你所說的話是否傷害其他的人？

有些奉承之徒，不單要博取你的好感歡心，也借機打擊忠貞之士。此時，你千萬不可接受他這種「先入為主」的觀念，應以客觀超然的態度，分別加以評鑑，了解他傷害忠貞之士的意圖何在。

(4) 他是否都說些動聽的話？

完全動聽的話，聽了固然舒服無比，但是對你並沒有任何幫助。你倒是應該主動請他說些不動聽的話，例如對你個人及公司有哪些不滿，有什麼改進的建議，那樣你才能知道他說動聽話的目的何在。

(5) 他說的話是否會對你的事業造成某種損害？

奉承之徒在阿諛諂媚之餘，必然會露出狐狸尾巴，對你有某種要求。此時，你當然要見機而行，既知他的奉承是有所目的，而且這種目的會造成你事業上的某種損害，這種損人利己、以私害公的奉承之徒，最好避之則吉，從此不再信任。

人心是世上最難測的。一個人對你不停地說好話時，我們如果已經識破他的企圖，最好暗示他死了利用你的心，而不必非要黑著面孔當面揭穿，產生一個仇家。可是，吹捧的力量，除高手以外，世間能有幾人承受得了呢？

第 9 章 江山易改，本性難移—如何挖掘人的本性

防範別人背後的悄悄話

人心險惡，在紛紛擾擾的社交中，若不想哭喪著臉，狼狽而退，切莫忘了要帶著一顆防範對方的心。

商場也好，職場也好，競爭都是在所難免。大家靠本事吃飯，靠業績說話，能夠從競爭中勝出的話本也無可厚非。偏偏有一些人，也可能知道自己正面競爭難有制勝的把握，就要動些歪點子。表面上他對你的想法一百個贊成，讓你平添一份信心而更加有恃無恐，但轉過臉就對上司說你的壞話，而且上司最討厭什麼，他就專門把這些討厭的東西跟你掛上鉤。你捲舖蓋走人的時候還在念念不忘他給你的「無私」的支持呢。

唐玄宗時，李林甫、裴耀卿、張九齡同為朝廷重臣。張九齡以直言敢諫著名，漸得朝廷大臣尊重。李林甫因此懷恨在心，尋機置張九齡於死地。

這時，寵妃惠妃與太子有隙，誣陷太子私結黨羽，圖謀不軌，求玄宗將太子廢掉。枕邊風吹多了，玄宗動了心，提到朝廷上討論。張九齡堅決不同意，並說因一個女人之言就廢立太子，實非聖君之所為。玄宗聽了，不悅而退。李林甫乘機來到後花園，拜見玄宗，說張九齡亦為太子一黨，故有此諫。自此，玄宗對張九齡產生了壞印象。

開元二十四年（西元 736 年），玄宗聽從郡州之舉，想加封郭䤈人牛仙客為幽國公。張九齡認為此人不過善使謹慎保身之術，並無大功，不宜封此重爵，便相約了李林甫一同去進諫。李林甫當面表示同意，但到了玄宗面前，張九齡固陳諫辭之後，玄宗和張九齡都看他的反應時，他卻裝作沉思之態，默然無語。玄宗仍堅持封牛仙客。張九齡堅持己意，說牛仙客目不識丁，非科舉出身，不過省儉而已，不宜重封。玄宗不悅，退身回後宮。李林甫又尋

機會潛來，告訴玄宗：「張九齡固諫逼上，有不敬之罪，在用人問題上處處與皇上作對，只不過謀圖樹立太子黨群，為自己留條後路而已。」

一句話說得玄宗大怒起來：「我還沒到該死的年紀，九齡就懷此心，怎可重用！」當即令李林甫代擬詔書，將張九齡貶官外放。

李林甫眼珠一轉，怕這事情疑到自己頭上，在朝廷大臣中站不住腳，忙說：「張九齡固諫之後，皇上即把他貶斥外放，顯得皇上沒有氣量，不如晚點再說。」玄宗聽聽有理，便沒讓李林甫寫詔，不過，玄宗對此事卻耿耿於懷，終於找了個機會罷去了張九齡的宰相之職。

李林甫使的是個小把戲，但這樣的小把戲卻偏能辦成大事，說明兩面三刀這一套還是能吃得開的。比張九齡更倒楣的還有一個吳起，他被一個更加精心設計的裝好人的圈套圈中，只好另尋出路。

魏國武侯即位後是個昏君，他對臣子忠奸不分，還用舊的血統觀念來衡量臣子，任命女婿公叔為相，推翻了李悝的某些新法，以維護貴族利益，這樣一來，力主變法的吳起與公叔便有了矛盾。

吳起是個死腦筋，不會見風使舵而明哲保身，每當公叔廢除一條舊法時，他便據理力爭，把公叔氣得咬牙切齒，最後終於下定了趕走他的決心。

公叔明白，要趕走立有大功的吳起，還得國君發話。於是他設計了一個陷阱，讓吳起上當滾蛋。

公叔先找到魏武侯，閒扯中把話引到吳起身上，當時，魏武侯在軍事上對吳起還是倚重的，誇獎了一番吳起的功勞，表示還得重用吳起。公叔善於見風使舵，馬上就說：「那當然。但是……」他把話頭一轉，「就不知吳起是不是真正與我們一條心，他終究是個外人呀！」一句話把魏武侯說得疑惑起

來，沉思著說：「對呀，他是不是真與我們一條心呢？」公叔見魏武侯的神態，知道事情有譜了，忙道：「有個辦法，試探他一下就明白了。」魏武侯問：「怎麼試探呢？」公叔說：「吳起自從求將殺妻之後，一直還沒婚配，您可招他來，說要把公主許配給他。他若高興地答應，就說明他跟我們一心，會盡心竭力地為魏國出力，他若猶猶豫豫，就說明他心懷二意，不會在我們魏國久住的。」魏武侯說：「好吧，就按你說的辦。」

公叔見第一步計畫成功了，忙跑回家，對妻子說，他要約一個朋友來玩。朋友到來時，要妻子裝出氣勢洶洶的樣子，他妻子一向言聽計從，答應了。

於是，公叔約吳起到自己家裡小酌。一進門，公叔那位公主妻子就照公叔吩咐好的，迎上前來，劈面問公叔：「今天不上朝，做什麼去了？」公叔裝出唯唯諾諾的樣子說：「去看了一個朋友，相約來家小酌。」妻子大喝：「酌什麼？天天灌馬尿，也沒見你幹出什麼大事來！」那時雖還不那麼講求男尊女卑，但像這樣的妻子，吳起還第一次碰上。於是他瞅個機會問公叔：「嫂夫人怎麼這般態度？」公叔裝作無可奈何地嘆了一口氣，說：「人家是公主，有國君撐腰嘛。」

這時，公叔妻子的貼身丫頭聽了安排，又模樣洶洶地來找公叔，說公主在房中，要公叔快去，有事吩咐。吳起一見，有點火了，抱不平說：「一個小小丫環，竟對男主人這般講話，這不是造反了嗎？」公叔裝出無可奈何的樣子嘆一口氣：「丫環也是從宮中帶來的呀，自然主大奴也大了。」

吳起回到家中，許久還為公叔在家中的地位生氣，卻突然來人傳話，說國君找吳起有事要商量。

吳起不知國君有什麼事，忙快步入宮。魏武侯熱情接待，扯了半天閒

話，便說出要將公主相嫁的事。吳起正在為公叔的處境生氣呢，哪知國君又讓自己也走上這條路，於是吞吞吐吐地說：「在下出身貧賤，豈敢與公主匹配。」武侯以為他在自謙，忙說：「我意已決，不計較什麼出身。」吳起還是推推諉諉地不答應。武侯想起了公叔的活，以為吳起心懷二意，也就不再勉強他了。

自此以後，魏武侯對吳起漸漸冷淡起來。吳起察覺到自己在魏國不會再受重用了，便找機會投奔楚國去了。

無怪乎以吳起之智仍要上公叔的當：誰能拒絕人家的一片好心呢？再加上他低估了說「悄悄話」背後的巨大威力，也就只能束手就擒了，這裡問題的關鍵還是你不能缺少這份防範之心，尤其當一個跟你總是意見相左或不怎麼投脾氣的人突然向你大獻殷勤的時候，你要不斷告誡自己：多防著他一點。

防範極力裝好的人

那些使盡渾身解數，極力討好別人的人，往往有算計別人的企圖，所以需要我們謹慎提防。

歷史上被冠以「奸」的名分的人不計其數，但能比的過明太祖朱元璋的恐怕還真沒幾個。特別在他打下大明江山的過程中，他能把自己裝扮成天底下最好的好人，而做事時又力求把壞事做絕做透，所以，在他手下混的人沒有不受他所害的。

郭子興在義軍內部的傾軋中憂憤死去，朱元璋便開始籌畫兼併整個郭子興部。

朱元璋首先渡江攻占了太平（今安徽省當塗縣），為進攻集慶（今江蘇省

第9章 江山易改，本性難移——如何挖掘人的本性

南京市）打下了基礎。然後派降將陳野先去攻取金陵。

智將馮國用向朱元璋進諫，說陳野先靠不住，原來的投降不過是在太平一戰中被俘而不得不降，現在放他帶領原班人馬去攻集慶，恐怕是放虎歸山，有去無回。朱元璋先是沉默不語，後來馮國用堅持諫阻，朱元璋才說：「人各有志，從元從我，聽他自便罷了。」

馮國用是朱元璋的親信大將，朱元璋也未對他說明心事。朱元璋的御人權術，古今罕有其匹。從陳野先被俘後的頑固，以及後來在再三勸說下才勉強投降，朱元璋不會看不出陳野先心懷二意，他正是看出了這一點，才別有用意地加以利用，又特意派陳野先去招降舊部，而且並不將這支部隊拆開分編，仍使陳野先自己統轄。陳野先主動請求進攻集慶，就欣然派他前往。

果然不出馮國用所料，陳野先去了不幾日，便派人送回一份公文，報稱：集慶右環大江，左枕崇岡，不易攻取，建議先南下攻取溧陽，向東奪取鎮江。並說這是斷敵糧道，使集慶可以不戰而下的最佳方案。

明眼人一看就知道這是陳野先的緩兵之計，不願為朱元璋攻打集慶。

朱元璋看到書信，也就一笑了之，並不採取其他措施，只讓李善長寫了一封覆書，向陳野先指出長江天塹，已不成為奪取集慶的障礙，現在已扼其咽喉，陳野先不過是捨全勝之策，而為迂迴之計。

這封信實際是向陳野先點明，他的反意已經被看出來。促其必反，一切布置就緒，朱元璋就命張天佑到滁州去邀郭天敘攻打集慶。

在此之前，朱元璋在表面上仍是郭子興起義軍中的一部。郭子興死後，由其子郭天敘繼任為都元帥，朱元璋與張天佑為副元帥。

郭天敘見朱元璋叫他去攻集慶，開始很不滿意，懷疑朱元璋有不良意

圖。張天佑卻看出了利益很大：已有陳野先的人在集慶城外，兩面出擊攻下集慶，即可以南面稱帝，北圖中原。

郭天敘受到了誘惑，立刻出兵進攻集慶。他和張天佑都沒有深做考慮，集慶是歷代帝王之都，朱元璋自己不攻，卻在占據太平等集慶門戶之後，把這一好處拱手讓給他們，到底用意何在？

郭天敘和張天佑率軍東下，駛抵秦淮河，遭遇了元南臺御史大夫（御史臺在中書省南，故稱南臺。御史大夫掌糾察百官善惡，朝政得失，從一品）福壽，於是被擊敗。在潰退中遇到陳野先的人馬，郭天敘還以為是來了援軍，喜出望外。可是等到催馬走近，卻被陳野先一槍殺死。張天佑也被福壽的追兵趕上，與陳野先合兵夾擊，當即陣亡，郭天敘的部下被殺戮殆盡，餘眾逃回太平向朱元璋泣訴戰敗經過。

「郭天敘、張天佑攻集慶，野先叛，二人皆戰死，於是子興部盡歸太祖矣！」《明史·本紀第一》，可以看到，朱元璋的陰謀深入骨子，可以令人不寒而慄。

他在占領太平、採石後即造成對集慶進而可取的有利形勢，即可取而不取，拱手讓給他人。俘虜陳野先後，知其心向大元，不願降而硬勸其降，然後又縱其招集舊部，放其前往集慶，又在書信中點明陳野先心懷二意促其必反，最後以「集慶伸手可得」的大利讓給郭天敘，借陳野先之手而殺之。

郭氏不亡，朱元璋不好稱王，這也是他集慶可取而暫時不取的另一個原因。讓郭天敘先取，他既有謙讓之美，又坐收兼併實利。而且郭天敘一死，他即可自取而獨立稱王。

朱元璋借了陳野先這把刀殺了郭天敘，令人叫絕的是，他「借」意在先，

卻偏偏讓這把刀和周圍的人都能感其「至誠」；他殺意已久，卻偏偏讓郭天敘對他的一番「好意」至死感激不盡。

　　類似朱元璋這樣裝得像、壞到底的人日常生活中也許並不多見，如果你碰上了，千萬要記著陳野先和郭天敘是怎麼被朱元璋玩弄的。

小心變色龍

　　大千世界無奇不有，人形形色色，想要在險惡的人海裡找出一位心腹難啊！倒是想盡辦法謀取自身利益的人是數不勝數的。

　　有一種人，可能此時對你真誠相待，彼時卻突然翻臉不認人。至於何時真何時變，完全根據現實的利益需要。這種人就像變色龍一樣一輩子會以幾種面目示人，讓你琢磨不透，更無法防範。

　　1898 年，以康有為、梁啟超為首的維新派，在中國掀起轟轟烈烈的維新變法運動。他們的活動得到光緒帝的支援，但他是一個沒有實權的皇帝，慈禧太后控制著朝政。光緒帝想借助變法來擴大自己的權力，鞏固自己的統治地位，打擊慈禧太后的勢力。身為慈禧太后，她當然感覺出自己權力受到威脅，所以對維新變法橫加干涉。於是，這場變法運動實際上又變成了光緒帝與慈禧太后的權力之爭。在這場爭鬥中，光緒帝感到自己的處境非常危險，因為用人之權和兵權均掌握在慈禧的手中。為此光緒帝憂心忡忡，有一次他寫信給維新派人士楊銳：「我的皇位可能保不住。你們要想辦法搭救。」維新派為此都很著急。

　　正在這時，榮祿手下的新建陸軍首領袁世凱來到北京。袁世凱在康有為、梁啟超宣傳維新變法的活動中，明確表態支持維新變法活動。所以康有

為曾經向光緒帝推薦過袁世凱，說他是個了解洋務又主張變法的新派軍人，如果能把他拉過來，榮祿──慈禧太后的主要助手的力量就小多了。光緒帝認為變法要成功，非有軍人的支持不可，於是在北京召見了袁世凱，封給他侍郎的官銜，旨在拉攏袁世凱，為自己效力。

當時康有為等人也認為，要使變法成功，要解救皇帝，只有殺掉榮祿。而能夠完成此事的人只有袁世凱。所以譚嗣同後來又深夜密訪袁世凱。

譚嗣同說：「現在榮祿他們想廢掉皇帝，你應該用你的兵力，殺掉榮祿，再發兵包圍頤和園。事成之後，皇上掌握大權，清除那些老朽守舊的臣子，那時你就是一等功臣。」袁世凱慷慨激昂地說：「只要皇上下命令，我一定竭盡所能辦事。」譚嗣同又說：「別人還好對付。榮祿不是等閒之輩，殺他恐怕不容易。」袁世凱瞪著大眼睛說：「這有什麼難的？殺榮祿就像殺一條狗一樣！」譚嗣同著急地說：「那我們現在就決定如何行動，我馬上向皇上報告。」袁世凱想了想說：「那太倉促了，我指揮的軍隊的槍彈火藥都在榮祿手裡，有不少軍官也是他的人。我得先回天津，更換軍官，準備槍彈，才能行事。」譚嗣同沒有辦法，只好同意。

袁世凱是個詭計多端又善於見風使舵的人，康有為和譚嗣同都沒有看透他。袁世凱雖然表示忠於光緒皇帝，但是他心裡明白掌握實權的還是太后和她的心腹，於是又和慈禧的心腹們勾搭上了。如今他更加相信這次爭鬥還是慈禧占了上風。所以，他決定先穩住譚嗣同，再向榮祿告密。

不久，袁世凱便回天津，把譚嗣同夜訪的情況一字不漏地告訴了榮祿。榮祿嚇得當天就到北京頤和園面見慈禧，報告光緒帝要如何搶先下手的事。

第二天天剛亮，慈禧怒衝衝地進了皇宮，把光緒帝帶到瀛臺幽禁起來，接著下令廢除變法法令，又命令逮捕維新變法人士和官員。變法經過103

天，最後失敗。譚嗣同、林旭、劉光第、楊銳、康廣仁、楊深秀在北京菜市口被砍下了腦袋。

變臉的小人不可交，但不可不知。他們慣會當面一套，背後一套，過河拆橋，不擇手段。他們很懂得什麼時候搖尾巴，什麼時候擺架子，何時慈眉善目，何時如同兇神惡煞一般，他們在你春風得意時，即使不久前還是「狗眼看人低」，馬上便會趨炎附勢，笑容堆面，而當你遭受挫折，風光盡失後，則會避而遠之，滿臉不屑的神氣，甚至會落井下石。

就拿袁世凱來說，既然維新派主動找上門去，說明他在大眾面前有一副維新的面孔。而實際上在維新可能成為主流的情況下，袁世凱也確實看到了維新的現實意義，於是馬上與維新派打得火熱，一副知己的樣子。但一旦看到了新的機會，他才不管什麼朋友呢，自己的利益最重要，馬上臉色一變，背後的屠刀早已揚起。變臉術為正人君子所不齒，但因其屢屢奏效，至今仍被廣泛使用著。這種慣於使變臉術的「朋友」，對你永遠也不可能有什麼真心，用得著時甜言蜜語，用不著時就落井下石，所以一旦發現這種小人，就趕快遠離他們，千萬別被這種「朋友」迷惑住了。

背信棄義招人惡

「情義」二字在利益的背後顯得那麼輕薄，當私欲代替了彼此的信用而換來背叛時，才會有人從夢中醒過來。

重情義的人信守諾言，而喜歡放空炮說話不負責任的人，也往往無情無義，甚至把別人的情和義當作追求個人利益的砝碼。對於這樣的人千萬要小心，稍不留神，你被他賣了可能還替他數錢呢。

　　戰國時魏、楚兩國與秦搭界，商鞅向孝公建議：「秦之與魏，譬若腹之有心疾，非魏併秦，即秦併魏。今魏新敗於齊，虜其太子申，殺其將軍龐涓，正可趁其人心惶惶舉兵伐魏。魏不能敵，必舉其都城東遷，則河西（今陝西省黃河以西大荔縣等地）之地可盡為秦所有，東出以取天下，帝王之業可成也！」孝公十分認可此項建議，於是派商鞅為將領討伐魏國。

　　這時商鞅已是秦國的大良造（秦國所設最高官職，掌握軍政大權），地位很高。率兵出發後，警報傳到河西，守將朱倉向魏都告急，魏惠王派公子卬為大將趕來抵禦秦軍。

　　商鞅是衛國人，所以在未入秦以前也叫衛鞅，姓公孫，又叫公孫鞅。後到魏國求仕，相國公叔在臨死前推薦商鞅代替自己執法，惠王不答應。公叔說：「如不能重用，必殺之，勿使之出境。」惠王走後公叔又叫來商鞅，告訴他趕緊逃跑，把對惠王說的話又對商鞅說了一遍，並說讓惠王殺商鞅是為了國家，再告訴商鞅逃跑是為了朋友。商鞅說：「他不能聽你的話用我，也不會聽你的話殺我。」果然惠王認為公叔在重病之下說的是胡話。在這期間，商鞅與公子卬的交情也很深，初到魏國即住在公子卬家裡。公子卬也多次向惠王推薦商鞅，惠王仍然不肯重用。

　　周顯王二十九年（西元前340年）商鞅率兵伐魏，既是為秦國開疆拓土，當然也有向魏王示威報復的意思，聽說公子卬率五萬大軍進屯吳城，商鞅有了主意。吳城是吳起在魏國為將時在河西築起的堅固新城，易守難攻。商鞅即派人向公子卬送了一封信，談起過去的交情不異骨肉，在魏國時受到的照顧未曾報答。如今魏國派他來守河西，這些城他就不好攻了，絕不敢骨肉相殘，情願締盟結約罷兵回去，希望在城外玉泉山相見，為衣冠之會，為表真誠都不帶兵，一來商定盟約條款，再就是借機見上一面，因為分別了十餘

第9章　江山易改，本性難移—如何挖掘人的本性

年，有很多話想當面訴說。

公子卯看了商鞅的信，深為感動。他始終認為商鞅是個稀世之才，可惜在魏不得重用。現在秦國為相，大展抱負，他真心為商鞅高興。現在兩方面各為其主帶兵對壘，能不廝殺當然是最好不過的事情了。他也渴望和商鞅見上一面。

公子卯不但立即答應會面，還送給商鞅很多禮物讓使者帶回，一如商鞅離開魏國時贈送盤纏用物那樣豐厚。

商鞅也回贈了珍貴的早藕、麝香、白璧，藉以表明友誼像早藕一樣珍貴難得，麝香一樣的芳馥，白璧一般無瑕。信使來往，兩人約定三日後在玉泉山會面。商鞅並叫逼近魏城的前營撤回，以示真誠。

吳城守將朱倉提醒公子卯注意有詐，去也要安排好警衛，並請求自己帶兵接應。惹得公子卯大笑說：「你把我的朋友看成什麼人了？知己之交，人間難得，吾之與鞅，生死不渝，豈肯相欺！」

於是公子卯毫不戒備，脫去戎裝，只帶著一隊親隨和掌管飲食、車輛、器物的侍從及樂工三百餘人，到玉泉山赴會。商鞅在山上等候，見面互相寒暄，談起從前的交誼，都非常感慨，紛紛墜淚。

公子卯見商鞅隨從不多，都不帶兵刃，反倒怪自己疏忽，忘記叫親隨將兵刃放到一邊。隨從們見商鞅態度真誠，口口聲聲講通和交好，不打了，無不歡喜，都把來時還存有的一點戒心拋掉，深為公子卯有這樣一位朋友而欣喜。

兩方面都擺下自己帶來的酒宴，互相推讓，樂工奏樂，場面壯觀和睦。

然而等到酒酣耳熱，公子卯提出締結盟約時，商鞅卻再一次敬酒。兩個

捧盤的侍役，都十分魁梧。公子卯見酒杯舉過頭頂，覺得商鞅太客氣了，卻忽然聽到山上號炮連響，看商鞅的神色立刻明白情況有變時，他的手已被左右兩個捧盤的力士牢牢壓住。這兩個扮作捧盤侍役的一個是烏獲，另一個是任鄙，都是秦國絕頂的力士，可以力舉千鈞，生擒虎豹，公子卯雖然武勇，被兩個人按住也動彈不得。

他向商鞅問道：「相國莫非相欺否？」商鞅答道：「暫欺一次，尚容告罪。以往在魏多蒙公子款待，難以為報，正欲請公子到鞅家做客耳！」

公子卯被擒，頓足長嘆懊悔不已。手下親隨、侍役等人全被預先埋伏的人馬拿住，滴水不漏，在包圍中一個也不曾走脫。

商鞅命軍士將公子卯等人的衣服全部扒下，穿到秦兵身上，烏獲扮成公子卯坐在來時的車上，帶人趕往吳城。城上的人見公子卯回來，隨行的人馬還是原來去的那些，以為和約締成，高興地打開城門，秦兵一擁而進，逢人便殺，商鞅親率大軍跟蹤而入，一舉搶占了吳城。

朱倉棄城逃遁。秦軍迅速掃蕩了河西全境，然後進逼魏都安邑（今山西省夏縣東北 15 里）。魏惠王在兩年中接連在馬陵、吳城打了兩個大仗，再也沒有力量抵禦，不得已和商鞅訂了城下之盟，把河西之地全部割讓給秦國，呈上河西版圖，國都從安邑遷往大梁（今河南省開封市）。

商鞅班師回國，被秦孝公封為列侯，以商於（今陝西商南一帶）十五邑為封地，號為商君。商鞅從這時候才開始叫商鞅。

戰國無義戰，戰爭雙方很難說誰對誰錯。但商鞅為求一戰之勝不惜以情義作釣餌，把諾言當釣鉤，這種行為實為正人君子所不齒。對於公子卯來說，對商鞅寡信棄義的本性沒有明察而沒有稍加防範，也只能自認倒楣了。

第9章　江山易改，本性難移—如何挖掘人的本性

小心把恩人當墊腳石的人

這世上有一種小人，即使別人對他恩重如山，一旦前面有自己想要獨吞的肉食，也會踩上恩人的頭頂，對於這種忘恩負義之徒，平常多用慧眼識別人心很重要。

小人遇到恩人的幫助和提攜，他日日思夜夜想的不是感恩，不是把事情做好，而是如何才能盡快地超越恩人的地位。恩人的肩膀能靠一靠的，他會踩著上；如果不可，恩人成了他往上爬的絆腳石，那就對不起了，一腳踹開毫不憐惜和猶豫。

春秋時期，楚國伯嚭一家被佞臣費無忌讒害遭族滅，隻身一人顛沛流離逃到吳國。

伯嚭投奔吳國，一則因吳國是楚國的敵對國，二則因為伍子胥和伯嚭一樣與費無忌仇深似海，不共戴天。

伯嚭一見伍子胥就放聲大哭，先是對伍奢一家的遭遇深表憤慨，接著哭訴全家遭斬的慘痛經歷，繼之大罵費無忌誘惑君王，殺害忠良，經過一番眼淚和憤恨的表演，才提出請伍子胥看在同國同鄉同遭遇的分上，給個安身之地，向吳王舉薦一下。

伍子胥是個忠厚老實的人，出於對楚平王和費無忌共有的憎恨，也由於相同遭遇而產生的憐憫，雖然原來與伯嚭沒有什麼私交，但還是決定向吳王引薦他。這時伍子胥的好友被離勸阻他說：「你千萬不要輕信這個伯嚭呀。據我觀察，這個人鷹觀虎步，形貌含詐，其品性必貪婪奸佞，專擅功勞，任意殺人，切不可與他親近。今日重用他，以後必為其所害。」伍子胥回答說：「古語說得好：『同疾相憐，同憂相救；驚翔之鳥，相隨而集。』人還是善良的多，

你先不要猜疑。」

伍子胥便將伯嚭引見給闔閭。

在伍子胥真誠的介紹和大力推舉下，吳王闔閭也可憐伯嚭的不幸，同情他的遭遇，又見他能說會道，見他頻頻表示效忠盡命的決心和誓言，就收他在朝中，封為大夫，命他和伍子胥共佐朝政。

同鄉之情，「同病相憐，同憂相救」的古訓，使伍子胥的感情大大地向伯嚭傾斜了。他做夢也沒有想到他救起的卻是一條毒蛇，三十年後，他自己也冤死在這條蛇的毒牙之下。

不過，此時的伯嚭在吳國的境況與伍子胥不可同日而語。伍子胥幫助闔閭登位，又協助他建城郭、設守備、實倉庫、治庫兵，發展了吳國的實力，有大功於吳王，君臣關係親密；而伯嚭呢，初入吳國，人生地不熟，雖得伍子胥之力而為大夫，實無功於吳國，和吳王的關係並不親密。身在異國的他，腳跟未穩，羽翼未豐。

他只是謹慎小心地應付著周圍的一切，以便爭得一個較為安全的生存空間。在吳國，這個時候與他關係最親近的只有伍子胥了，許多方面他都需要仰仗伍子胥的照顧。

再說向楚報仇一事不靠伍子胥，憑他伯嚭對吳國的影響能辦到嗎？這一切，秉承了祖父機敏之性的伯嚭當然清楚。他對伍子胥的依賴，決定了他對子胥的恭敬，這種恭敬的真實性還是可以相信的。向楚報仇是他和伍子胥的共同目的，這種共同目的，使他能與伍子胥同舟共濟、互相配合。

西元前 506 年，闔閭興兵伐楚，以孫武為大將，伍子胥與伯嚭為副，率軍進攻楚國，吳國一連打了五次勝仗，最後占據了楚國的都城──郢都。

第 9 章 江山易改，本性難移—如何挖掘人的本性

楚昭王棄國而逃，躲到隨國去了。在這都城失守的時刻，楚臣申包胥力圖複楚。他跑到秦國去哀求秦哀公發兵救楚。秦哀公不願出兵，申包胥大失所望。為了挽救楚國的危亡，申包胥堅持哀求秦哀公能發兵救楚，為此而在秦庭哭了七天七夜，最後使秦哀公受到感動，遂答應發兵救楚。

當秦國的救兵進入楚國境內以後，吳國大將孫武考慮到楚國的疆土遼闊，人心又不服吳，吳軍久留楚地，與之相持，對吳軍不利。因此他主張遣使與秦國通好，為楚國另立新君，以安撫楚人之心。伍子胥對孫武的主張也十分贊同，但是，伯嚭對這個安吳之策堅決反對，他認為這樣做是滅了吳國的威風，長了秦軍的志氣，因此對闔閭說：「吳軍自離東吳，一路破竹而下，五戰而把楚國的都城拿下來了，並把其宗廟夷為平地。現在，一遇到秦軍，就想班師，是一種怯懦的表現。」為了表示自己的勇敢，他要求闔閭給他一萬人馬，與秦軍作戰，並表示要把秦軍殺個片甲不留，若不取勝，甘當軍令。

闔閭對他的決心表示讚賞，於是答應了他的要求。孫武和伍子胥還是勸阻他不要與秦國交兵，伯嚭執意不聽，結果一連戰事皆敗北，連他自己也被秦軍三路包圍，左衝右突，不能得出。幸得伍子胥領兵把秦軍殺退，才把他救了出來。

這一仗，伯嚭所率領的一萬人馬，被秦軍殺得所剩無幾，損失慘重。他自知有罪，不得不叫人把自己捆綁起來去見闔閭。

孫武對伯嚭的恃勇無謀深為惱火。他對伍子胥說：「伯嚭為人矜功自任，久後必為吳國之患，不如乘此兵敗，以軍令斬之。」

伍子胥對此並沒有表示贊同，而且為他求情說：「伯嚭雖有喪師之罪，但有前功，何況大敵當前，不可因小過而斬一員大將。」還親自去奏請闔閭赦

其罪。經過伍子胥的勸說，伯嚭才免受軍令的制裁。孫、伍二人以讓楚國收納太子建之子為條件與楚國講和，隨後率軍滿載楚國府庫寶玉而回，又將楚國境內一萬多家遷至吳國，以充實吳國空虛之地。

闔閭論破楚之功，以孫武為首。孫武不願做官，堅請隱退山林。闔閭讓伍子胥去挽留。孫武私下對伍子胥說：「您知道天道嗎？暑往則寒來，春還則秋至。王恃其強盛，四境無憂，必生驕樂之心，功成而不退，將來必有後患，我不只是想保全自己，並且想保全您。」可惜這番具有遠見的話，伍子胥並不以為然。孫武於是飄然離開，沿途將吳王所贈金帛全部分發給貧苦的百姓，後來不知其所終。

孫武走後，吳王立伍子胥為相國，為表示敬意，他效仿齊桓公與管仲之事，只呼其字而不稱名。伍子胥地位之尊由此可見。

對於功勞亦不算小的伯嚭，吳王以其勇而恭順，善體己意，使為太宰以掌管王家內外事務。這樣，伯嚭接近吳王的機會比伍子胥要多。雖然他不能與伍子胥之位相比，但他明白，只要能得到吳王的特別垂青，他就能得到吳王的進一步重用。他的家族血的教訓也使他懂得，與國君關係親密，對於保身是十分重要的。他不願重蹈先人的覆轍。太宰之位，對於此時的他來說正稱其心。

伐楚之後，伯嚭已在吳國站穩了腳跟，羽翼漸豐，在吳國也是獨當一面的人物。因此，他對伍子胥雖然恭敬，但已經不像以前那樣，儼然與伍子胥有了分庭抗禮之勢。伯嚭也暗暗生了取伍子胥而代之，獨攬吳國朝政的野心。

楚亡之後，伍子胥對楚平王鞭屍三百，費無忌、鄢將師已為囊瓦處死，囊瓦也自刎于鄭國，伍、伯二人之仇都已複清了，他們二人也失去了共同對

第9章 江山易改，本性難移—如何挖掘人的本性

敵的基礎，二人所求以及性格的差異，使他們的衝突和矛盾不可避免。

這種鬥爭的結果，孫武已預見到了。他在私下對伍子胥的談話中指出：「王恃其強盛，四境無憂，必生驕樂之心。」這樣一來，剛正不阿、以國為重的伍子胥與已有「驕樂之心」的吳王的衝突在所難免，其結果必為吳王所厭恨，為自己帶來禍患。而替自身考慮較多，期望與吳王關係密切的伯嚭，由於能善體王意，投王所好，得到吳王歡心自然在意料之中。這樣一來，他與伍子胥的爭鬥就極易取得吳王的支持，從而取得最後的勝利。

伯嚭在危難之時得伍子胥的相助，在其應受軍法制裁時又得伍子胥的相救，可以說伍子胥做到仁至義盡了。但是，伯嚭只知圖取個人的榮華富貴，把利益放在第一位，一旦他可以圖取個人的榮華富貴，便把一切都置於腦後，不僅可以出賣國家利益，而且還會忘恩負義，加害恩人。

後來果不其然，在伯嚭的一再進讒下，吳王終於下令殺了伍子胥，至此，伯嚭也清除了最大的政敵，成就了自己的權力夢。

在這裡我們有理由痛恨伯嚭的忘恩負義，但伍子胥察人不明也要承擔應有的責任。像這種人在能夠控制他的時候你偏要給他機會，被他反咬一口能怪誰。如果能制之則制之，不能制之則遠離之，也不失為防範伯嚭這類小人的一個可行的辦法。

別當替罪羊

如果你不想被人算計，就得時時提防在你身邊那些想算計你的惡徒們，別一個不小心就當了人家的替罪羊，連怎麼死的也不知道。

一個人心眼再多、算計再深也有馬失前蹄的時候，一般人到此時往往坐

嘆大勢已去而不知如何挽回，善於算計者卻早已成竹在胸，他們還有最後一招殺手鐧，即使不能傷人，保護自己足矣，這就是找一隻替罪羊。

洪武年間，鎮守貴州的都督馬燁採取了一系列手段，企圖激怒當地土著造反，借此興兵鎮壓，以一舉廢除當地的土司制度，代之以中央派任的官員。有一次，他當眾把土司大頭目的妻子奢香剝光衣服鞭打，土著果然憤怒萬分，打算起兵。眼看一場流血戰爭就要爆發，這時身任土司頭目的劉夫人也是個多智的女人，她馬上阻止了民眾的魯莽舉動，親自進京「上訪」。明太祖對這一切自然是洞若觀火的，即刻把受到辱打的奢香召到京城，問她：「我為妳除掉這個姓馬的，妳怎麼報答我？」奢香叩頭說：「我們保證世世代代不敢犯上作亂。」明太祖笑笑說：「這是你們的本分，怎麼算是報答呢？」奢香萬般無奈，只得說：「我們貴州的東北方向有一條通四川的小路。如果你為我報了仇，我就開通此路，供官府驛使往來。」這筆交易當場敲定，馬燁被召回斬首，貴州方面則為朝廷提供了一條驛路。明太祖後來提及此事說：「我也知道馬燁對朝廷忠心不二，但如果我憐惜他，就無法安定這一方了。」

三國末年，曹魏政權已大權旁落，司馬氏已牢牢地控制政權。司馬懿死後，他的兒子司馬師接替了父親的職位。司馬師為人陰險狡詐，魏少帝曹芳對其行為強烈不滿，便找來心腹張緝、夏侯玄等人商量，要他們幫助自己奪回司馬師的兵權。誰知風聲走漏，司馬師搶先下手，把幾個參與謀劃的人殺了。正元元年（西元 254 年），司馬師又逼迫皇太后廢了曹芳，另立曹髦為帝。

一些地方官原本就痛恨司馬氏，當魏少帝被廢後，更是義憤填膺。正元二年（西元 255 年），鎮東將軍毋丘儉、揚州刺史文欽乘機率兵討伐司馬師。司馬師率兵前去抵禦，途中疾病發作，又派人火速進京，把留守在京城的司

第 9 章　江山易改，本性難移—如何挖掘人的本性

馬昭召來，把兵權交給了他。司馬師病死於許都。司馬昭率兵打敗了毋丘儉、文欽。這樣，司馬氏的軍權轉到了司馬昭手中。

司馬昭掌權後，在朝中飛揚跋扈，比司馬懿、司馬師更專橫，當時就有「司馬昭之心，路人皆知」的說法，他一心想代曹魏政權而自立。

魏帝曹髦再也忍受不了司馬昭的專橫，決心不當空頭皇帝，要對司馬昭發起抗爭。一天，他召來尚書王徑、侍中王沈、散騎常侍王業，憤憤地對他們說：「司馬昭篡奪帝位的野心已經無人不曉，我也不能坐以待斃！我希望你們能鼎力幫助我，誓死從司馬昭手中奪回政權！」

誰知王沈、王業早已不把曹髦這個傀儡皇帝放在眼裡，不但不幫忙，反而把消息通報給了司馬昭。司馬昭忙派親信賈充領兵做好準備。

曹髦見事已敗露，決心來個魚死網破，親自率領宮中的禁衛軍和侍從太監等，前往攻打司馬昭相府。他手持寶劍，站在車上高聲喊道：「天子親征有罪之人，誰敢抵抗就殺了他全家！」

賈充率領軍隊阻擊曹髦，聽了曹髦的喊聲後，鑑於曹髦的「天子」空名，賈充還是暫停了下來。這時，成濟問賈充：「事情不妙，你看怎麼辦？」

賈充大聲喊道：「自古養兵千日，用兵一時。司馬公平時養著你們，正是為了對付現在這種局面。今天的事情怎麼辦，那還用問嗎？」

成濟聽罷，揮戈上馬，直衝過去。曹髦的「烏合之眾」被這突如其來的舉動嚇得楞住了，一時不知所措。說時遲，那時快，成濟手持長矛猛向曹髦刺去。曹髦沒想到這傢伙竟然真的下手，躲閃不及，矛頭已從前胸刺進，又從後背透出，跌下車來。可憐一代帝王，剎那間就魂歸西土了，整個宮廷軍隊頓時作鳥獸散。

事發後，司馬昭不免有些害怕，他一面裝出悲痛欲絕的樣子，為曹髦料理後事，一面召集大臣們商議如何平息眾怒。尚書僕射陳奉提議：「現在，只有殺了賈充，才可稍慰天下人心。」

司馬昭沉吟半晌，覺得賈充是自己可靠的親信，日後還有大用，於是，讓陳泰處罰一個次一等的人。陳泰頂了一句：「只有處罰更高一等的人，沒有再次一等的人了。」最後，以成濟為大逆不道的首犯誅滅其九族，以此等替罪羊來平息民憤。隨後，司馬昭另立年方十五的曹奐為魏帝，繼續進行竊國大盜的勾當。

唐玄宗時，武則天的女兒太平公主在朝廷中也十分有權勢，有一大批高級黨羽尾隨其後，對唐玄宗起著極大的制約作用。由於唐玄宗此時羽毛未豐，一時也拿太平公主沒辦法。

過了一段時期，唐玄宗的親信、宰相劉幽求與御林軍頭目張暐密謀，要用御林軍來誅殺這批政敵，謀劃已定，他們將整個行動計畫向玄宗彙報，玄宗很快同意了他們的計畫。

誰知張暐沉不住氣，計畫剛剛定好，就得意忘形起來，過早地把消息洩露了出去，引得滿朝文武大臣人心惶惶。

唐玄宗知道事情已經敗露，大為驚恐，叫苦不迭，想不到張暐這幫人這麼不能成事，此事搞不好，會直接影響到他的帝王位置，因為太平公主很有可能利用這件事把他拉下臺。於是，為了籠絡住人心，迷惑太平公主，唐玄宗反咬一口，揭發劉幽求等人離間骨肉，擾亂朝政，把劉幽求、張暐等人下了大獄。唐玄宗終於用替罪羊為自己解脫了政治危機。

曹操在一次領兵打仗的行軍途中，軍糧遇到了嚴重危機，如果讓士兵知

第9章 江山易改，本性難移—如何挖掘人的本性

道，那就要影響整個部隊的戰鬥情緒，造成人心渙散，曹操就將管理糧食的軍史召來，問他有什麼解決辦法。那個軍史說：「可以用小斛分糧，這麼做應該可以克服眼前難關。」曹操說：「這個主意好！」就讓那個軍史付諸實施了。這一祕密很快被將士們發現了，軍營議論紛紛，紛紛指責曹操在有意欺騙將士，克扣軍餉。本以為可以穩定部隊的情緒，誰知這一來更加壞事。曹操為了推脫罪責，安撫軍心，就對這位負責糧食的軍史說：「借你一隻頭顱，以壓眾人之心。」下令將軍史斬首，且將首級掛在營中示眾，旁邊還寫有六個大字：「行小斛，盜官穀。」這一來，軍心遂安定下來。可憐這個管糧食的軍史，成了替罪羊。

曹操、司馬昭、唐玄宗、明成祖，一個比一個狡詐，一個比一個會算，他們都是耍心眼的祖師爺，遇到他們，一般人只有遭算計的份。

小心在利益面前沒有是非觀念的人

利益，是人前進的動力，在它面前，六親不認、善惡不分的人多得是，交友時，切記別上這種唯利是圖者的當。

在你遇到困難，需要幫助的時候，朋友當中你最先想到誰？哪怕能有一兩位這時候伸出援助之手的朋友，也是一種莫大的幸福。在我們這個社會中，重義輕利，把友誼看得極為神聖的人大有人在，這也是整個社會道德基礎的重要成分。同時不能否認的是，還有另外一種人，僅僅把朋友當做可供利用的資源，一旦人家失勢找上他時，他立即換上另一副面孔。

東晉大將王敦因謀反被殺，他的侄子王應想去投奔江州刺史王彬，王應的父親王含想去投奔荊州刺史王舒。王含問王應：「大將軍生前和王彬關係不怎麼樣，而你卻想去歸附他？」王應說：「這正是應當去的原因。王彬在人家強盛時，能夠提出不同意見，這不是常人能夠做到的，他看見人家有難時，

就一定會產生憐憫之情。荊州刺史王舒是個安分守己的人，從來不敢做出格的事，我看投奔他沒用。」王含不聽從他的意見，於是兩人就一起投奔王舒，王舒果然把王含父子沉入長江。

當初王彬聽說王應要來，已經祕密地準備了船隻等待他們，他們最終沒能來，王彬深深引為憾事。

藺相如曾是趙國宦官繆賢的一名舍人，繆賢曾因犯法獲罪，打算逃往燕國躲避，相如問他：「您為什麼選擇燕國呢？」繆賢說：「我曾跟隨大王在邊境與燕王相會，燕王曾握著我的手，表示願意和我結為朋友。所以我想燕王一定會接納我的。」相如勸阻說：「我看未必啊，趙國比燕國強大，您當時又是趙王的紅人，所以燕王才願意和您結交。如今您在趙國獲罪，逃往燕國是為了躲避處罰。燕國懼怕趙國，勢必不敢收留，他甚至會把你抓起來送回趙國的。你不如向趙王負荊請罪，也許有幸獲免。」繆賢覺得有理，就照相如所說的辦，向趙王請罪，果然得到了趙王的赦免。

繆賢以為燕王是真的想和自己交朋友，他顯然沒有考慮自己背後的一些隱性因素，比如自己當時的地位，對燕王的價值，等等。可是現在他成了趙國的罪人，地位已經變了，結交的價值也就失去了，他貿然到燕國去，當然很危險了。藺相如看問題可真是一針見血啊。

再看這樣一個故事：晉國大夫中行文子流亡在外，經過一個縣城。隨從說：「此縣有一個嗇夫，是你過去的朋友，何不在他的舍下休息片刻，順便等待後面的車輛呢？」文子說：「我曾喜歡音樂，此人為我送來鳴琴；我愛好佩玉，此人為我送來玉環。他這樣迎合我的愛好，是為了得到我對他的好感。我恐怕他也會出賣我以求得別人的好感。」於是他沒有停留，匆匆離去。結果，那個人果然扣留了文子後面的兩套車馬，並獻給了自己的國君。

第 9 章　江山易改，本性難移—如何挖掘人的本性

王舒、燕王、嗇夫在友與利的選擇上都看重後者，在他們眼裡，「情義」二字不值分文，而且會成為自己的障礙，此一時彼一時，此時的他們只是必欲除友而後快了。

實際上一個人是不是可以結交成為朋友，不可以等到大事當前再去判斷，而應在平常的小事中就注意觀察，這樣可以防止臨時抱佛腳。

東漢末年，管寧與華歆共同在漢末一位著名學者門下受業，二人非常要好。有一次兩人在田裡鋤草，看到了一塊金子，管寧視而不見，繼續幹活，而華歆則撿了起來，端詳了一陣，然後才把它扔了。又有一次，兩人正在房裡讀書，有貴人乘著車馬自門外經過，非常熱鬧，管寧仍然靜坐讀書，華歆卻扔下書本跑出去看。

管寧因這兩件事便與華歆割席絕交，而他的清高也一直受到後人的稱道。

管寧的境界的確比華歆高，不過身為朋友，管寧如果能幫助華歆提高一下境界，而不是武斷地與他分手，不是更夠朋友嗎？

其實，華歆當時所做的兩件事，在我們今天看來，根本不算什麼大缺點，何況是在年幼無知的情況下？華歆撿了金子，後又將它扔掉，這說明他不過是一時的貪念所起而已。而後一次扔書出去看熱鬧的事，更是人之常情了。常言道：「人非聖賢，孰能無過。」身為朋友，為什麼不能相互體諒一下並給予他改過自新的機會呢？

君子嚴於律己，寬於待人。管寧律己雖嚴，但待人不寬啊。在這一點上，管寧就比不上鮑叔牙了。

春秋時的管仲與鮑叔牙結為至交，兩人合夥做生意，每次分紅，管仲總

是多拿一些。旁人不平，鮑叔牙卻為他辯解說：「管仲家裡經濟更困難，讓他多分一些就是了。」

管仲打過幾次仗，每次都是衝鋒居後，逃跑當先。有人恥笑他，鮑叔牙又為他辯解說：「管仲並不是怕死，他是考慮家有老母需要贍養啊。」

後來鮑叔牙跟隨公子小白，小白當上了國君，就是齊桓公。而管仲因為幫公子糾與齊桓公爭位，得罪了齊桓公，成了階下囚。又是鮑叔牙向齊桓公極力推薦：「管仲是個人才呀，他的能耐比我大多了。如果你想治理好本國，那您還能勝任，如果您想稱霸，那非找管仲幫忙不可。」果然，管仲幫助齊桓公成就了霸業。利益是一塊試金石，山盟海誓不可信，利益面前見分曉。交友時碰到這樣私心重的人，千萬別被他的花言巧語所迷惑。

對挑剔者不能一味退讓

軟弱，也是人的性格使然，當弱者受人攻擊時，保持鎮定，不可被自視清高的挑剔者嚇跑。

吹毛求疵的人絕非對誰都一視同仁，相反，越是這樣的人越喜歡欺軟怕硬。他對地位比自己高、力量比自己強、不好惹的人常三緘其口，而對謙恭禮讓的人的則板起一副高高在上的面孔。對此你如果不反擊，一味退讓，那他欺負起你來是不會手軟的。

一位廣告事務所的新部門主管，打算按自己的想法處理一些客戶的委託資料。公司會議上，他談到這個打算，沒想到他的老闆臉色下沉，嘴唇發顫，竟勃然大怒起來，叫喊著要這位新職員立即打電話給顧客，承認自己對廣告業務一竅不通，並保證不退回委託資料。

第9章 江山易改，本性難移—如何挖掘人的本性

幾個月過去了，這位主管漸漸觀察到，老闆實際上是個欺軟怕硬的傢伙，你越想避開他，越容易惹火上身。

恢復了這種自信，再加上對老闆習性的進一步了解，他逐漸適應了老闆的粗劣行為。「如果他提高聲調對我說話，我也不示弱，同樣提高我的聲調。」果真，這位老闆對他的態度開始有所收斂，儘管心底很不情願。後來這位年輕人竟得到提拔。

雖然，對這種恃強欺弱的上司採取對屬下的辦法常能奏效，但弄不好也容易把事情搞僵。因此，我們不妨試試另一種與之迥然不同的對策：等上司平息下來後，再和他商討。

無論你決定採用何種對策，千萬記住一條，那就是要盡早付諸行動，而且越快越好。另外，即使與上司發生爭執，也應盡可能地在私下了結，以免挫傷面子，如果你的老闆依然我行我素，還可以採用以下幾種消極等待的策略。

在上司發火的時候，保持沉著、鎮靜，對自己說：「別理會他，他的脾氣不是針對我來的。」將注意力轉移到上司身上某個滑稽的地方。比如，他下巴脂肪肥厚，你就可以仔細觀察他吼叫時那部分肉體的顫動。只要你意識到即使是最愛向別人施淫威的人也有缺陷時，你就能在他們的面前充分地放鬆自己。

待上司筋疲力盡的時候，再這樣回敬他：「我沒聽清你究竟說了些什麼？你得把話說慢些才好。」

總之，對於愛挑毛病的人儘管不應針鋒相對，也不必一味退縮，要找準機會讓他明白：不跟他一般見識絕不是說明自己軟弱好欺負。

大力捧人者往往有自己的野心

　　有權有勢者身後一定少不了一群馬屁精的吹噓、亂捧，他們野心勃勃地活在你的身邊，只有愚昧的人才會上這等別有用心之徒的當！

　　有的人捧人不過是遇景生「情」，有的人是死吹濫捧。這些人的捧術都不精，捧功都不算高。還有一種人則不同，他可以在「捧」字上下足功夫，小處、細處、奇處、險處，總之，只要能讓人家高興，他什麼都能想到。被捧的人既已被抬到雲裡霧裡，即使知道他在吹捧，也樂得享用。清末有名的大太監李蓮英靠的就是膽大心細的吹捧術把人捧圓了，也把自己捧鼓了。

　　慈禧在權力鬥爭中殺人不眨眼，卻偏喜歡拿一副積德的樣子給人看看。特別是 60 大壽之際，更要做出一番「功德」來，好讓天下世人都知她慈禧有好生之德。李蓮英見拍馬的機會又到了，就絞盡腦汁地想出並試驗出一些絕招來奉承慈禧。

　　60 大壽這一天，慈禧按預先安排好的計畫，在頤和園的佛香閣下放生。一籠籠的鳥擺在那裡，慈禧親自抽開鳥籠門，鳥兒自由飛出，騰空而去。李蓮英讓小太監搬出最後一批鳥籠，慈禧抽開籠門，鳥兒紛紛飛出，但這些鳥兒在空中盤旋了一陣，又吱吱喳喳地飛回籠中來了。慈禧又驚奇又納悶，還有幾分高興，便問李蓮英說：「小李子，這些鳥怎麼不走哇？」

　　李蓮英跪下叩頭道：「奴才回老佛爺的話，這是老佛爺德威天地，澤及禽獸，鳥兒才不願飛走。這是祥瑞之兆，老佛爺一定萬壽無疆！」

　　一般說來，李蓮英這個馬屁可謂拍得極有水準，但這次卻拍馬屁拍到馬腿上，慈禧太后雖覺拍得舒服，但又怕別人笑話她昏昧，為了要顯示一下「英明」，於是怒斥李蓮英道：「好大膽的奴才，竟敢拿馴熟了的鳥兒來

第 9 章 　江山易改，本性難移—如何挖掘人的本性

騙我！」

　　李蓮英並不慌張，他不慌不忙地躬腰稟道：「奴才怎敢欺騙老佛爺，這實在是老佛爺德威天地所致，如果我欺騙了老佛爺，就請老佛爺按欺君之罪辦我。不過，在老佛爺降罪之前，請先答應我一個請求。」

　　在場的人一聽，李蓮英竟敢討價還價，嚇得臉都白了，哪個還敢出聲。大家知道，慈禧雖號為「老佛爺」，實在是一個殺人不眨眼的劊子手，許多因服侍不周或出言犯忌的都被她處死，哪個敢像李蓮英這樣大膽。慈禧聽了這話，立刻鐵青著臉，說：「你這奴才還有什麼請求？」

　　李蓮英說：「天下只有馴熟的鳥兒，沒聽說有馴熟的魚兒，如果老佛爺不信自己德威天地，澤及魚鳥禽獸，就請把湖畔的百桶鯉魚放入湖中，以測天心佛意，我想，魚兒也必定不肯遊走。如果我錯了，請老佛爺一併治罪。」

　　慈禧也有些疑惑，便來到湖邊，下令把鯉魚放入昆明湖。真也奇了，那些鯉魚遊了一圈之後，竟又紛紛遊回岸邊，排成一溜兒，遠遠望去，彷彿朝拜一般。這下子，不僅眾人驚呆了，連慈禧也有些迷惑，她知道這肯定是李蓮英糊弄自己，但至於用了什麼法子，她一時也猜不透。

　　李蓮英見火候已到，哪能錯過時機，便跪在慈禧面前說：「老佛爺真是德配天地，如此看來，天心佛意都是一樣的，由不得老佛爺謙辭了。這鳥兒不飛去，魚兒不游走，那是有目共睹的，哪是奴才敢矇騙老佛爺，今天這賞，奴才是討定了。」

　　李蓮英說完，立刻口呼萬歲，拜起來，隨行的太監、宮女、大臣，哪個不來湊趣，一齊跪倒，真乃人、魚、鳥共賀。事情到了這份上，慈禧太后哪裡還能發怒，她滿心歡喜地把脖子上掛的念珠賞給了李蓮英。

據後人回憶說，李蓮英先把魚蟲放在紗籠裡，固定在岸邊，魚蟲慢慢地從紗籠裡鑽出來，便在岸邊布滿了一溜兒，鯉魚要吃魚蟲，當然就會遊到岸邊來了。

像李蓮英這樣的人可怕之處在於他能出新出奇，能製造時機捧人。這樣的人極易獲得比別人多得多的機會，而他一旦擁有了這些機會，他會用來幹正事嗎？跟這樣的人交往，無論他對你如何甜言蜜語，千萬別把他當朋友，因為他捧的目的絕不在情上而是在利上。

第9章　江山易改，本性難移—如何挖掘人的本性

第 10 章　方圓做人，圓滑做事 ——

認識你自己

第10章 方圓做人，圓滑做事—認識你自己

成為一塊橡膠，而非石頭

頑固的人只愛碰石頭，靈敏的人會去觸軟木。

一位政治犯被關了二十幾年，釋放出獄後接受記者的訪問。記者問他是怎麼度過這二十幾年的，這位堅毅的政治犯說：「我把自己變成橡膠，你可以捶我撞我，捏我拉我，我會變形，可是橡膠依然存在。換句話說，環境再怎麼折磨我、打擊我，我的外在會隨著改變，但我的內心依然不變，我就是我！」

在人性叢林裡，再也沒有比這更偉大的適應哲學了。

每個人一生當中都會遭遇困境，有些困境撐一下就過去了，有些困境卻讓人感到茫然與絕望，不知何時黎明才會到來。意志薄弱的人很容易在嚴苛的環境中滅頂，喪失自己；也有人採用剛烈的手段，以硬碰硬，結果也喪失了自己，真正能改變環境的並不多。因此，在困境時有橡膠的柔軟就十分必要了。

這可分兩方面來談。

—— 面對物質的困境時，你可以去做你平時看不起或不甘願做的事。例如你失業了，可是又找不到如意的工作，為了生活，擺地攤、挑磚塊、當餐廳服務生等，都是可以做的。這是橡膠式的變形 —— 雖然工作形態改變，但壯志與抱負、堅持並未磨損變質，也就是外形變本質不變，很多落難的英雄其實都是如此。

—— 面對人為的困境時，你必須在這種無法違抗的人為力量下，做他們要你做的事，可能很卑賤，很委屈自己，但這只是肉體上的屈服，你的意志並未屈服，你的原則並未改變，這也是外形變而本質不變。像有些偉大人物

遭到冤獄或陷害時，用的都是這種方法。他們甚至裝瘋賣傻，可是他們比誰都清醒。

也許有人會認為，做一團橡膠太沒志氣。看起來的確如此，可是當無力改變環境時，也只能盡量保持「我」的存在，否則「我」消失了，還能談什麼理想與抱負呢？一個鐵錘下來，石頭會碎裂，可是橡膠卻吸納了鐵錘的力量，不但沒有碎裂，反而還包住了鐵錘，這種力量，才是最可畏的啊！

也許你尚未遭到困境，不過人際關係上多多少少也會遭到一些不愉快，那麼，做一塊橡膠吧，讓其他人感受到你的柔軟、吸納與包容，千萬不要做一塊石頭，橡膠可以變回原形，可是石頭裂了，就再也補不回了。

方圓處世，凡事留一手

圓滑的人懂得，凡事留個「心眼」是日後對敵時的策略。

方圓做人，八面玲瓏；圓滿做事，事事順心。人心叵測，凡事最好留一手。

如果為上者沒有留下絕招的「心眼」，恐怕久後難免受制於屬下。英明的施政者發布命令，必使由之而不使知之，這樣才形成一種凝聚力，也即向心力。向心力的形成，是團結的手段之一。

總之，絕招即是除非自己，別人無法了解的招數。並且是左右逢源、戰無不勝、攻無不克的招數。

絕招之組成，正如下棋藏了棋路一般。要殺得出來，殺得回去。留絕招的基礎是杜絕用感情成分干預。

對於一個涉世未深的社會新鮮人來說，有一點必須明白，那就是這個世

界遠非你想像中那麼簡單，做人做事，不妨讓自己多一個「心眼」。只要你手中留有一手可以絕對制勝的絕招，任何時候，你都能處變不驚，因為你可以靜觀其變，而後全力出擊，力挽狂瀾。

做人要有銳氣，但不可鋒芒太露

銳氣，雖是鎮壓敵手的銳利武器，但言語上的銳氣太露了，最後受傷害人只會是你自己。

做人要有銳氣，但銳氣不代表鋒芒。銳氣可以展現自我的內心，但鋒芒卻給別人壓力。

想要在事業上一展才華，可以用一點「心眼」巧妙展露，要記得時機沒有成熟之前，千萬別鋒芒太露。

「人不知，而不慍，不亦君子乎！」可見，人不知我，心裡老不高興，這是人之常情。尤其是年輕人，總是希望在最短時期內使人家知道你是個不平凡的人。想讓全世界都知道，當然不可能；使全國人都知道，還是不可能，使一個地方的人都知道，也仍然不可能；那麼至少要使一個團體的人都知道吧！要使人知道自己，當然先要引起大家的注意，要引起大家的注意，只有從言語行動方面著手，於是便容易露出鋒芒。

露出鋒芒是刺激大家的最有效方法，但若細細看看周圍的同事，若是處世已有經驗的同事，他們卻與你完全相反，和光同塵，毫無棱角，個個深藏不露，好像他們都是庸才，事實上他們的才能多得是位於你之上的；好像個個都很訥言，事實上其中當然有善辯者；好像個個都無大志，事實上其中有雄才大略而不願久居人下者，但是他們卻不肯在言語上露鋒芒，在行動上露

鋒芒，這是什麼道理？

因為他們有所顧忌，言語露鋒芒，便要得罪旁人，被得罪了的旁人便成為你的阻力，成為你的破壞者；行動露鋒芒，便要招惹旁人的嫉妒，旁人嫉妒也會成為你的阻力，成為你的阻力，便也成為你的破壞者。你的四周，都是你的阻力或你的破壞者，在這種情形下，你的立足點都沒有了，哪裡還能實現你揚名立萬的目的？

年輕人往往樹敵太多，與同事不能和氣地相處，就是因為言語有鋒芒的緣故，言語之所以有鋒芒，行動之所以有鋒芒，是急於求「知於人」的緣故，處世已有歷史經驗的同事，所以不露鋒芒，也是因為曾受過了這種教訓。

陳先生在年輕時代以兼有三種特長而自負，文章寫得過人，舌頭說得過人，拳頭打得過人。在學校讀書時，不怕同學，不怕師長，認為他們都比不上他。初入社會，還是這樣地驕傲自負，結果得罪了許多人，不過，他覺悟很快，一經好友提醒，便連忙負荊請罪，倒是消除了不少的怨隙。但是無心之過仍然難免，結果終究還是遭受了挫折。俗語說，久病成良醫，他在受足了痛苦的教訓後，才知道言行鋒芒太露，就是自己為自己前途所安排的荊棘，有人為了避免再犯無心之過，就故意效法金人之三緘其口，即使不能不開口，也要多方審慎，雖然「矯枉者必過其正」，但是要掩蓋先天的缺點，就不能不如此。因此如果聽見旁人說你人情世故太熟，做事過分小心，不但不要見怪，反而要感到高興才是。

當然也許有人會說，採用這樣的辦法不是永遠無人知道嗎？其實只要一有表現本領的機會，你把握這個機會，做出過人的成績來，大家自然就會知道。這種表現本領的機會，不怕沒有，只怕把握不住，只怕做的成績不能使人滿意，你已有真實的本領，就要留意表現的機會，沒有真實的本領，就要

趕快開始預備。

《易經》上說：「君子藏器於身，待時而動。」無此器最難，有此器不患無此時。鋒芒對於你，只有害處，不會有益處，額上生角，必觸傷別人，你自己不把角磨平，別人必將力折你的角，角一旦被折，其傷害更多，而鋒芒就是人額頭上的角啊！

做人不要太精明

聰明一世、糊塗一時的人比聰明一時、糊塗一世的人活得要累，因為他們的活法不相同。

人一生不應對什麼事都斤斤計較，該糊塗時糊塗，該聰明時聰明。有句古語叫「呂端大事不糊塗」，說的正是小事裝糊塗，而在關鍵時刻，才表現出大智大謀。在古代，這樣的大智若愚者是很多的。

宋代宰相韓琦以品行端正著稱，遵循著得饒人處且饒人的生活準則，從來不曾因為有膽量而被人稱許過，可是在下述兩件事上的神通廣大，實在是沒有第二個人可比。這才是「真人不露相」的註腳。對於這樣的老好人誰會防範呢？他因此而得以在無聲無息中做了這兩件大事：

當宋英宗剛死的時候，朝臣急忙召太子進宮。太子還沒到，英宗的手又動了一下，宰相曾公亮嚇了一跳，急忙告訴宰相韓琦，想停下來不再去召太子進宮，韓琦拒絕說：「先帝要是再活過來，就是一位太上皇。」韓琦越發催促人們召太子，從而避免了權力之爭。

擔任大內職務的任守忠很奸邪，反覆無常，他祕密探聽東西宮的情況，離間英宗和曹太后。韓琦有一天出了一道空頭敕書，參政歐陽脩已經簽了

字，參政趙概感到很為難，不知怎麼辦才好，歐陽脩說：「只要寫出來，韓琦一定有自己的辦法。」

韓琦坐在政事堂，用未經中書省而直接下達的文書把任守忠傳來，讓他站在庭中，指責他說：「你的罪過應當判死刑，現在貶官為蘄州團練副使，由蘄州安置。」韓琦拿出了空頭敕書填寫上，派使臣當天就把任守忠押走了。

要是換上另外的愛耍弄權術的人，任守忠會輕易就範嗎？顯然不會，因為他也相信一貫誠實的韓琦的說法，不會懷疑其中有詐。這樣，韓琦輕易地除掉了禍患，而仍然不失忠厚。所以大智若愚實在是一種人生的最高修養，也是一種做人的謀略。大智若愚的人總有更多的成功機會。

另一個晉代人謝萬，是謝安的弟弟，曾經和蔡系爭一個座位，蔡系把謝萬從位子上推了下去。謝萬慢慢站起來，拍拍衣服，邊坐回座位上，邊說：「你差點弄傷我的臉。」蔡系說：「本來就沒有考慮到你的臉。」後來兩人都沒有把這件事掛在心上，當時人們都稱讚他們。

韓琦、謝萬之流都是老謀深算、心眼重重之人，在處理事情的過程中，受侮受損的一方都沒有為自己的難堪和損失而大發其怒，記恨在心，相反地，都表現出寬宏大量、毫不計較的美德和風度。結果得到了大家的敬重，也使傷人者感到無地自容。

大智若愚，從另一個角度來說，也可理解為小事愚、大事明，對於個人來說是一種很高的修養。所謂愚，是指有意糊塗。該糊塗的時候，就不要顧忌自己的面子、學識、地位、權勢，一定要糊塗。而該聰明、清醒的時候，則一定要聰明。由聰明而轉糊塗，由糊塗而轉聰明，則必左右逢源，不為煩惱所擾，不為人事所累，這樣你也必會有一個幸福、快樂、成功的人生。

第 10 章　方圓做人，圓滑做事—認識你自己

客觀的經驗告訴我們，做人不要過於精明，精明到露骨會遭人討厭。因為人與人情感的溝通和交流是心的交流，如果做人過於精明，就不能在交際方面獲得人心。

交際中的精明容易把應該純真的關係弄複雜，使人感到你刁鑽奸猾而敬而遠之。這樣精明的結果，只能以自己成為孤家寡人而告終。

做人精明露骨，實則是一種小聰明。

有一種情況是：聰明反被聰明誤，自逞聰明，引火焚身。三國時代的楊修，可說是絕頂聰明，他的幾次「聰明」過了頭，才智大顯露，結果引起了曹操的嫉恨，將楊修殺掉。

做人需要精明，但不要過於精明，甚至精明到露骨。

做人要善於隱匿，看似沒有，實則充滿

囂張，不是成大事者所應具備的本性，才能越高的人，做人越隱匿。

自古成大事者都謹小慎微，「心眼」勝人一籌，善於隱藏自己，能以靜為動，看似沒有，實則充滿，從不自以為是、耀武揚威。

《三國演義》中有一段「曹操煮酒論英雄」的故事。當時劉備落難投靠曹操，曹操很真誠地接待了劉備。劉備住在許都，在衣帶詔簽名後，為防曹操謀害，就在後園種菜，親自澆灌，以此迷惑曹操，使他放鬆對自己的注意。

一日，曹操約劉備入府飲酒，談起以龍狀人，議起誰為當世之英雄。劉備點遍袁術、袁紹、劉表、孫策、劉璋、張繡、張魯、韓遂，均被曹操一一貶低。曹操指出英雄的標準 ——「胸懷大志，腹有良謀，有包藏宇宙之機，吞吐天地之志」。劉備問：「誰人當之？」曹操說，只有劉備與他才是。

曹操獨具慧眼，正好說到劉備的志向。劉備被曹操點破是英雄後，竟嚇得把匙箸也丟落在地上。恰好當時大雨將到，雷聲大作。

劉備從容俯拾匙箸，並說：「一震之威，乃至於此。」巧妙地將自己的惶亂掩飾過去，從而也避免了一場劫數。劉備在煮酒論英雄的對答中是非常聰明的。

劉備藏而不露，人前不誇張、顯耀、吹牛、自大，裝聾作啞，不把自己算進「英雄」之列，這辦法是很讓人放心的。他的種菜、他的數英雄，至少在表面上收斂了自己的行為。一個人活在世上，氣焰是不能過於張揚的。

孔子年輕的時候，曾經受教於老子，當時老子曾對他講：「良賈深藏若虛，君子盛德，容貌若愚。」即善於做生意的商人，總是隱藏其寶貨，不令人輕易見之；君子，品德高尚，而容貌卻顯得愚笨。其深意是告誡人們，過分炫耀自己的能力，將欲望或精力不加節制地濫用，是毫無益處的。

在舊時的店鋪裡，在店面是不陳列貴重的貨物的，店主總是把它們收藏起來，只有遇到有錢又識貨的人，才告訴他們好東西在裡面。倘若隨便將上等商品擺放在明面上，豈有賊不惦記之理。

不僅是商品，人的才能也是如此。俗話說，「滿招損，謙受益」，才華出眾而喜歡自我炫耀的人，必然會招致別人的反感，吃大虧而不自知。

這個世界上才能高的人很多，但有「心眼」的人卻不是很多。同樣一部《三國演義》，死於曹操手下的才士數不勝數，如孔融、禰衡之流，皆因他們不善於隱藏自己才命喪黃泉。所以，無論才能有多高，都要善於隱匿，要能達到這樣的境界。

第 10 章　方圓做人，圓滑做事—認識你自己

冷淡一些也有好處

人際交往中，與其去為那些芝麻綠豆大的事件口槍舌戰，還不如用冷淡和沉默去應對，自己能夠得到清靜不說，還能省去不少精力和時間呢？

為人處世不能一味地對人熱情。對人對事有時不妨冷一些，淡一點。沒有比漠視更好的報復了。平息流言，面對傲慢，方法之一就是黑下臉來置之不理。

為人處世，當然應該熱情些。但是，人和人不一樣，情境和情境不一樣，有時「冷」一些反倒有好處。

(1) 對不合理要求，不妨冷漠置之

對不合理的要求，不妨冷漠些。這類人分兩種：一種是明知不合理，看你軟弱，你給他一寸，他就要求一尺；另外一種是沒有自知之明者，這種人，你冷漠些，他就會仔細考慮自己的要求是否恰當。

(2) 對閒言碎語，不妨當做耳邊風

小剛大學剛畢業時，充滿了工作熱情和交際熱情，這種熱情引起了很多同事和上司的好感，也讓一些同事開始背後說閒話，什麼「能言善道」啊，什麼「八面玲瓏」啊，什麼「真會顯擺」啊。

如果我們遇到這種情況，怎麼辦？與對方展開爭執嗎？根本不值，麻團越抽越亂！怎麼辦？把那些閒言碎語當成耳邊風好了。

(3) 對那些傲眼視人者，不妨冷淡些

大多數人，你對他熱情，他也對你熱情，你對他笑臉相迎，他也會對你滿面春風。也有些人，你越是主動與之交往，他就越是拿腔拿調擺架子，對待這種人，不妨冷淡些。

冷處理在交際中的作用遠不止上述幾條。但要在交際實踐中嘗試和運用這種方法，還需要有一定的心理素養來保證。

其一，要有涵養。能採用冷處理的方法，是人們具有一定的文化素養、生活素養決定的，是一種文明的體現。這種涵養表現為對人要力求寬容大度，不斤斤計較；設身處地為他人著想，不為泄自己一時之氣憤而忘乎所以；遇事三思而言，不冒冒失失地草率行事。所有這些實際上是在激烈的矛盾衝突面前自我處理的內功，具備了這種內功，才可以化干戈為玉帛。

其二，要有忍性。「忍」是指對方氣勢洶洶地興師問罪時，要有很強的忍耐性，要耐得住挑釁，要耐得住對方採用各種形式帶來的刺激。《三國演義》中的司馬懿在諸葛亮的戲弄面前忍得住性子，才使自己立於不敗之地；周瑜正因為缺少忍性，才氣得口吐鮮血。這種忍只是一種策略，絕不意味著對方打左臉一個巴掌，馬上把右臉轉過去讓他再打，那樣是喪失氣節。

其三，要以靜制動。挑起事端的一方常常是有備而來，就像打仗要戰勝對方，必須要弄清對方來意與其最薄弱的地方是什麼，然後才能確定進攻的突破口，從而一舉制服對方一樣。要採取「靜」的策略，讓對方出擊，哪怕是狂轟濫炸也要泰然處之，待對方「三鼓而竭」之後，針對在靜中偵察到的突破口，猛擊對方痛處，方可使對方敗下陣去。

其四，要以守為攻。儘管防守是消極的策略，但在防守時也可以採取進

第 10 章　方圓做人，圓滑做事—認識你自己

攻的態勢，只不過這種出擊仍是建立在守的基礎上的。面對情緒激動的一方，不失時機地插上一兩句話，使對方火上澆油，盡情發洩；面對咄咄逼人的對方，拋出一兩句切中要害的話，對對方進行火力偵察；面對鋒芒畢露的對手，邊應付邊弄清對方來意，設計反擊的方案，摸準對方的要害之後，邊周旋邊選擇最有戰鬥力的「炮彈」……採取這些方針貌似防守，其實卻在蓄力準備著成功的進擊。

不要隨波逐流

在年輕人眼裡，「跟風」是對時尚的追捧，而塵世喧嘩的現實裡，虛榮、羨慕、隨波逐流都是無知的表現。

不為潮流所動是一種精神本色，也是一種做人方法。這要求一個人既要有堅定的自我立場，又要有清晰的做人思路，這樣才能有真正「自我」的生活格調，而不會為世事紛擾。

我們的活動，無論是什麼性質的活動，總會對周圍的人、周圍的世界產生一定的影響，也就必然會受到來自周圍世界的評論。這些評論可能是褒揚，也可能是非難。但不論是褒揚還是非難，都有理解與不理解、公正與歪曲的成分存在。所以，對於這些評論，不能一概地接受，跟著它團團轉。

當年有一個人想興修巴拿馬運河，一時之間人們對這個壯舉議論紛紛，毀譽摻雜，有人誇獎他勇敢堅毅，有人罵他異想天開，但是他對於這些毀譽一概置之不理，只是埋頭苦幹，有人問他對於那些批評有何感想時，他回答得十分恰當，他說：「目前還是做我的工作要緊，至於那些批評，日後運河自會答覆！」

　　運河果然如期築成了，一時又是人聲鼎沸，但現在卻是眾口一詞地爭相誇獎他了。他自己如何呢？他會站在第一艘試新船上，在群眾的歡呼聲中，通過自己親手完成的水閘嗎？他沒有那樣做。

　　一位前來參觀揭幕典禮的英國外交官事後寫信給朋友說：「他並沒有乘坐第一艘試新船，他只在附近看著船開過。後來，我們又在加通湖看見他穿著襯衫站在水閘上，觀察開關水閘的機器。船過來時，有人原想對他高呼萬歲，但不等他喊到第二聲，他已經走開了。」

　　此人這種不為毀譽所擾，不被潮流所動的精神和行為，既是一種高明的做人方法的體現，也是一種在精神境界裡獨領風騷的智者的本色。

　　卡內基曾問克洛石油公司的人事部經理保羅·鮑爾登··，來求職的人常犯的最大錯誤是什麼 —— 他應該知道，因為他曾經和六千多個求職的人交談過，還寫過一本名為《謀職的六種方法》的書，他回答卡內基：「來求職的人所犯的最大錯誤就是不保持本色。他們不以真面目示人，不能完全地坦誠，卻給你一些他以為你想要的回答。」可是這個做法一點用都沒有，因為沒有人要偽君子，也從來沒有人願意收假鈔票。

　　我們每個人的個性、形象、人格都有各不相同的特色，我們完全沒有三心二意的必要。

　　在個人成功經驗之中，保持自我的本色及用自我創造性去贏得一個新天地，是更有意義的東西。

　　在好萊塢尤其流行這種希望能做跟別人不一樣的人的想法。山姆·伍特是好萊塢的最知名導演之一。他說在他啟發一些年輕的演員時所碰到的最頭痛的問題就是這個：要讓他們保持本色，他們都想做二流的拉娜·特納，或

第10章　方圓做人，圓滑做事—認識你自己

者是三流的克拉克・蓋博。「這一套觀眾已經受夠了，」山姆・伍特說，「最安全的做法是：要盡快丟開那些裝腔作勢的人。」

你在這個世界上是唯一這樣的人，應該為這一點而慶幸，應該盡量利用大自然所賦予你的一切，歸根究底說起來，正如，你只能唱你自己的歌，你只能畫你自己的畫，你只能做一個由你的經驗、你的環境和你的家庭所造成的你。不論好與壞，你都得自己創造一個自己的花園；不論是好是壞，你都得在生命的交響樂中，演奏你自己的樂器；不論是好是壞，你都得在生命的沙漠上數清自己已走過的腳印。

卓別林開始拍電影的時候，那些電影的導演都堅持要卓別林去學當時非常有名的一個德國喜劇演員，可是卓別林直到創造出一套自己的表演方法之後，才開始成名。鮑伯・霍伯也有相同的經驗。他多年來一直在演歌舞片，結果毫無成績，一直到他發展出自己的搞笑本領之後，才成名起來。威爾・羅傑斯在一個雜耍團裡，不說話光表演套繩索雜技，持續了好多年，最後才發現他在講幽默笑話上有特殊的天分。

在每一個人的成長過程中，他一定會在某個時候發現，羨慕是無知的，模仿也就意味著自殺。

不論好壞，你都必須保持本色。

別人的，哪怕是已經形成潮流的東西，對你來說也是沒有用處的。跟隨它們只會使自我消失。當然，順應潮流也許在短期內會有所益處，但從長遠看：還是不隨大流走更有前途。

不要輕易露底牌

人在交際中，全盤豁出的人是最愚蠢的，「心機」重的人懂得分寸，不會輕易洩露並掏出整個人心。

碰上老實的人，你們一見如故，把最隱私的事情全都抖給對方，也許會因此成為知心朋友。但在現實中，更多可能的情況是：你把心交給他，他卻因此而小看你，更有甚者會因此打起壞主意，暗算你。所以說，在待人處事中，尤其是對摸不清底細的人，切記做到「逢人只說三分話，未可全拋一片心」。否則，吃虧受傷害的將是你自己。

李廠長出差的時候在火車上遇見一位「港商」，二人一見如故，互換了名片。這位元港商在舉手投足之間都顯示出一種貴族氣質，這使李廠長對其身分毫不懷疑。恰巧二人的目的地相同，而港商又對李廠長的產品非常感興趣，似有合作意向，李廠長便與之同住一個賓館，吃飯、出行幾乎都在一起。這一天，李廠長與一客戶談成了一筆生意，取出大筆現金放在包裡。午飯後與港商在自己屋裡聊天，不久李廠長起身去衛生間，回來時出了一身冷汗：港商和那個裝滿錢的皮包都不見了！李廠長趕緊報警，幾天後案子破了，罪犯被抓獲後才知道，原來他並不是什麼港商，而是一個職業騙子。這讓李廠長對自己的輕易相信他人，交出自己底細的做法痛悔不已。

像李廠長這種被人摸清底細鑽了空子的事情幾乎時有所聞。而「港商」的騙術僅在於：他交出假心，以此誘騙你交出真心。而你卻不知江湖險惡，就心實厚道地什麼都對他說了。所以，在這一點上我們有必要吸取教訓，換一種「不那麼老實」的做人態度。

孔子曰：「不得其人而言，謂之失言。」對方倘若不是深相知的人，

第10章　方圓做人，圓滑做事—認識你自己

你也暢所欲言，吐露真心，對方的反應是什麼呢？你說的話，是屬於你自己的事，對方願意聽你說嗎？彼此關係淺薄，你與他深談，顯出你沒有修養；你說的話，是糾正對方的，你不是他的諍友，不適合與他深談，則顯出你冒昧。

所以「逢人只說三分話」，不是不可說，而是不必說、不該說，與「事無不可對人言」並沒有衝突。

「事無不可對人言」，是指你所做的事，並不是必須盡情地向別人宣布。習於世故的人，是否事事可以對人言說，是另一問題，他的只說三分話，是指不必說、不該說的盡量不說，是一種自我保護和防範。

另外，和人初次見面，或才見過幾次面，就算你覺得這個人不錯，而你也喜歡他，也不該把你的心一下子就掏出來。我們主張不那麼老實做人，意思是：對還不了解的人，無論說話或做事，都要有所保留，不可一廂情願。

告訴你不要一下子就把心掏出來，是因為人性複雜，如果你一下子就把心掏出來給對方，用心和他交往，那麼就有可能受傷。

把心掏出來，這代表你的真誠和熱情，但是你把心掏出來，他也把心掏出來的人不太多，而且也有掏的是假心的人。若這種人又別有居心，剛好利用了你的弱點，好比薄情郎對癡情女一般，那麼你的日子就不好過了。而會玩手段的人，更可以因此把你玩弄於股掌之中。

另外，還有一種情況，你一下子就把心掏出來，如果對方是個謹慎的人，那麼你反倒會嚇著了他，因為他懷疑你這麼坦誠是另有目的的。如果是這樣，你可能會弄巧成拙，因而斷送了有可能發展的情誼。

因此，與其把心一下子掏出來，不如慢慢觀察對方，待有了了解之後再

掏真心。你可以不虛偽，坦坦蕩蕩，但絕不可把感情放進去，要留些空間用來思考、緩衝，那麼一切就好辦了。

　　一位病患坐在牙科醫生的椅子上時，他總是盡量地張大嘴巴。但是在做人處世中，即使是一個最簡單的事情也得深思熟慮。要養成習慣，在你張開自己的嘴巴之前，要盡量了解其他人的觀點。這當然要花費一點精力，但為了取得好的結果，是值得去努力的。

　　但也許有人會說，人在社會中必須交際，而交際就必須說話，而你總是懷疑這個、防備那個，做個「厚殼裡的人」，又怎麼能廣交朋友多鋪路呢？還有，人既是理性的人，又是情感的人，又怎能不向別人傾訴呢？這種問題就需要由自己來正確把握了。人在交際中，可說三分話，可試探性地交心，以有備無患的姿態開放心懷，這樣，才有可能在交際中掌握主動，左右逢源，而光憑老實認真是行不通的。人在滿懷喜悅或滿腔憂愁的時候，總是想找一個可以傾訴的朋友宣洩一下。人們可以在傾訴中發洩自己的情緒，也可以在傾訴中整理自己的思緒，審視自己的行為。通常人們需要一個安靜、理智的傾訴對象，需要他同情和沉穩的目光。如果人們的傾訴被一次次地打斷，那麼他的心理需求就得不到滿足。美國的女企業家瑪麗‧凱曾說，這種藝術的首要原則，就是你全神貫注地聽取對方的談話內容；其次，當別人請教你的時候，你最好的回答就是：你看該怎麼辦？她舉了一個例子：有一次，公司裡的一位美容師來向她傾訴自己婚姻的不幸，並問她，自己是否應提出離婚，由於瑪麗並不熟悉她的家庭，不可能為她拿主意，只好在美容師每次問她的時候，就反問一遍：「妳看應該怎麼辦？」她每問一次，美容師就認真地考慮一下，然後說出自己應該如何如何。第二天，瑪麗就收到了美容師的鮮花和感謝信。一年以後，瑪麗又收到了她的信，說他們的婚姻已十分美滿，

感謝瑪麗為他們出的好建議。

　　事實上瑪麗什麼建議也沒有出，只是以足夠的耐心和沉靜的態度感染了當事者，讓她能夠從非理智的思考模式轉換到理智的，像思考別人的事那樣思考自己的事，從而尋找出適合於她自己的解決方法，這就是聆聽的魅力所在。

　　如果你採取相反的辦法會怎樣？告訴她趁早離婚？恐怕回頭人家老公就找上門來跟你討說法。如果你摸不準自己的話會不會成為別人的把柄，甚至是否會被當做一個小祕密傳播開去，那就說話時別把話說透、說滿。話說三分才會為自己留有餘地。

「壞心眼」的生存學

聰明，是因為懂得「使壞」

作　　者：李定汝，鬼精靈

發 行 人：黃振庭

出 版 者：崧燁文化事業有限公司

發 行 者：崧燁文化事業有限公司

E-mail：sonbookservice@gmail.com

粉 絲 頁：https://www.facebook.com/
　　　　　sonbookss/

網　　址：https://sonbook.net/

地　　址：台北市中正區重慶南路一段六十一號八
　　　　　樓 815 室

Rm. 815, 8F., No.61, Sec. 1, Chongqing S. Rd.,
Zhongzheng Dist., Taipei City 100, Taiwan

電　　話：(02)2370-3310

傳　　真：(02) 2388-1990

印　　刷：京峯彩色印刷有限公司（京峰數位）

律師顧問：廣華律師事務所 張珮琦律師

定　　價：375 元

發行日期：2022 年 04 月第一版

◎本書以 POD 印製

國家圖書館出版品預行編目資料

「壞心眼」的生存學：聰明，是因
為懂得「使壞」 / 李定汝，鬼精靈
著 . -- 第一版 . -- 臺北市：崧燁文
化事業有限公司 , 2022.04
　面；　公分
POD 版
ISBN 978-626-332-296-7(平裝)
1.CST: 修身
192.1　　111004278

電子書購買

臉書

獨家贈品

親愛的讀者歡迎您選購到您喜愛的書，為了感謝您，我們提供了一份禮品，爽讀 app 的電子書無償使用三個月，近萬本書免費提供您享受閱讀的樂趣。

ios 系統　　　　安卓系統　　　　讀者贈品

請先依照自己的手機型號掃描安裝 APP 註冊，再掃描「讀者贈品」，複製優惠碼至 APP 內兌換

優惠碼(兌換期限2025/12/30)
READERKUTRA86NWK

爽讀 APP

📖 多元書種、萬卷書籍，電子書飽讀服務引領閱讀新浪潮！

🎧 AI 語音助您閱讀，萬本好書任您挑選

🔍 領取限時優惠碼，三個月沉浸在書海中

🔔 固定月費無限暢讀，輕鬆打造專屬閱讀時光

不用留下個人資料，只需行動電話認證，不會有任何騷擾或詐騙電話。